www.pinhok.com

Introduction

This Book

This vocabulary book is a curated word frequency list with 2000 of the most commonly used words and phrases. It is not a conventional all-in-one language learning book but rather strives to streamline the learning process by concentrating on early acquisition of the core vocabularies. The result is a unique vocabulary book ideal for driven learners and language hackers.

Learning Community

If you find this book helpful, do us and other fellow learners a favour and leave a comment wherever you bought this book explaining how you use this book in your learning process. Your thoughts and experiences can help and have a positive impact on numerous other language learners around the world. We are looking forward to your stories and thank you in advance for your insights!

Pinhok Languages

Pinhok Languages strives to create language learning products that support learners around the world in their mission of learning a new language. In doing so, we combine best practice from various fields and industries to come up with innovative products and material.

The Pinhok Team hopes this book can help you with your learning process and gets you to your goal faster. Should you be interested in finding out more about us, please go to our website www.pinhok.com. For feedback, error reports, criticism or simply a quick "hi", please also go to our website and use the contact form.

Disclaimer of Liability

THIS BOOK IS PROVIDED "AS IS", WITHOUT WARRANTY OF ANY KIND, EXPRESSED OR IMPLIED, INCLUDING BUT NOT LIMITED TO THE WARRANTIES OF MERCHANTABILITY, FITNESS FOR A PARTICULAR PURPOSE AND NONINFRINGEMENT. IN NO EVENT SHALL THE AUTHORS OR COPYRIGHT HOLDERS BE LIABLE FOR ANY CLAIM, DAMAGES OR OTHER LIABILITY, WHETHER IN AN ACTION OF CONTRACT, TORT OR OTHERWISE, ARISING FROM, OUT OF OR IN CONNECTION WITH THE BOOK OR THE USE OR OTHER DEALINGS IN THE BOOK.

Copyright © 2019 Pinhok.com. All Rights Reserved

1 - 25

I	εγώ (egó)
you (singular)	εσύ (esý)
he	αυτός (aftós)
she	αυτή (aftí)
it	αυτό (aftó)
we	εμείς (emeís)
you (plural)	εσείς (eseís)
they	αυτοί (aftoí)
what	τί (tí)
who	ποιος (poios)
where	πού (poú)
why	γιατί (giatí)
how	πώς (pós)
which	ποιο (poio)
when	πότε (póte)
then	τότε (tóte)
if	αν (an)
really	πραγματικά (pragmatiká)
but	αλλά (allá)
because	επειδή (epeidí)
not	δεν (den)
this	αυτό (aftó)
I need this	Το χρειάζομαι (To chreiázomai)
How much is this?	Πόσο κάνει αυτό; (Póso kánei aftó?)
that	ότι (óti)

26 - 50

all	όλα (óla)
or	ή (í)
and	και (kai)
to know	ξέρω (xéro)
I know	Ξέρω (Xéro)
I don't know	Δεν ξέρω (Den xéro)
to think	σκέφτομαι (skéftomai)
to come	έρχομαι (érchomai)
You definitely have to come	Πρέπει να έρθεις οπωσδήποτε (Prépei na értheis oposdípote)
to put	βάζω (vázo)
to take	παίρνω (paírno)
to find	βρίσκω (vrísko)
to listen	ακούω (akoúo)
to work	δουλεύω (doulévo)
to talk	μιλάω (miláo)
to give (somebody something)	δίνω (díno)
to like	μου αρέσει (mou arései)
to help	βοηθώ (voithó)
Can you help me?	Μπορείτε να με βοηθήσετε; (Boreíte na me voithísete?)
to love	αγαπώ (agapó)
to call	καλώ (kaló)
to wait	περιμένω (periméno)
I like you	Μου αρέσεις (Mou aréseis)
I don't like this	Δεν μου αρέσει αυτό (Den mou arései aftó)
Do you love me?	Με αγαπάς; (Me agapás?)

51 - 75

I love you	Σε αγαπώ (Se agapó)
0	μηδέν (midén)
1	ένα (éna)
2	δύο (dýo)
3	τρία (tría)
4	τέσσερα (téssera)
5	πέντε (pénte)
6	έξι (éxi)
7	επτά (eptá)
8	οκτώ (októ)
9	εννέα (ennéa)
10	δέκα (déka)
11	έντεκα (énteka)
12	δώδεκα (dódeka)
13	δεκατρία (dekatría)
14	δεκατέσσερα (dekatéssera)
15	δεκαπέντε (dekapénte)
16	δεκαέξι (dekaéxi)
17	δεκαεπτά (dekaeptá)
18	δεκαοκτώ (dekaoktó)
19	δεκαεννέα (dekaennéa)
20	είκοσι (eíkosi)
new	νέος (néos)
old (not new)	παλιός (paliós)
few	λίγα (líga)

76 - 100

many	πολλά (pollá)
how much?	πόσο; (póso?)
how many?	πόσα; (pósa?)
wrong	λάθος (láthos)
correct	σωστός (sostós)
bad	κακός (kakós)
good	καλός (kalós)
happy	χαρούμενος (charoúmenos)
short (length)	κοντός (kontós)
long	μακρύς (makrýs)
small	μικρός (mikrós)
big	μεγάλος (megálos)
there	εκεί (ekeí)
here	εδώ (edó)
right	δεξιά (dexiá)
left	αριστερά (aristerá)
beautiful	όμορφος (ómorfos)
young	νέος (néos)
old (not young)	γέρος (géros)
hello	χαίρετε (chaírete)
see you later	τα λέμε αργότερα (ta léme argótera)
ok	εντάξει (entáxei)
take care	να προσέχεις (na prosécheis)
don't worry	ηρέμησε (irémise)
of course	φυσικά (fysiká)

101 - 125

good day	καλημέρα (kaliméra)
hi	γεια (geia)
bye bye	γειά (geiá)
good bye	αντίο σας (antío sas)
excuse me	με συγχωρείτε (me synchoreíte)
sorry	συγγνώμη (syngnómi)
thank you	ευχαριστώ (efcharistó)
please	παρακαλώ (parakaló)
I want this	θέλω αυτό (thélo aftó)
now	τώρα (tóra)
afternoon	(το) απόγευμα (apógevma)
morning (9:00-11:00)	(το) πρωί (proí)
night	(η) νύχτα (nýchta)
morning (6:00-9:00)	(το) πρωί (proí)
evening	νωρίς το βράδυ (norís to vrády)
noon	(το) μεσημέρι (mesiméri)
midnight	(τα) μεσάνυχτα (mesánychta)
hour	(η) ώρα (óra)
minute	(το) λεπτό (leptó)
second (time)	(το) δευτερόλεπτο (defterólepto)
day	(η) ημέρα (iméra)
week	(η) εβδομάδα (evdomáda)
month	(ο) μήνας (mínas)
year	(το) έτος (étos)
time	(ο) χρόνος (chrónos)

126 - 150

date (time)	(η) ημερομηνία (imerominía)
the day before yesterday	προχθές (prochthés)
yesterday	εχθές (echthés)
today	σήμερα (símera)
tomorrow	αύριο (ávrio)
the day after tomorrow	μεθαύριο (methávrio)
Monday	(η) Δευτέρα (Deftéra)
Tuesday	(η) Τρίτη (Tríti)
Wednesday	(η) Τετάρτη (Tetárti)
Thursday	(η) Πέμπτη (Pémpti)
Friday	(η) Παρασκευή (Paraskeví)
Saturday	(το) Σάββατο (Sávvato)
Sunday	(η) Κυριακή (Kyriakí)
Tomorrow is Saturday	Αύριο είναι Σάββατο (Ávrio eínai Sávvato)
life	(η) ζωή (zoí)
woman	(η) γυναίκα (gynaíka)
man	(ο) άνδρας (ándras)
love	(η) αγάπη (agápi)
boyfriend	(ο) φίλος (fílos)
girlfriend	(η) φίλη (fíli)
friend	(ο) φίλος (fílos)
kiss	(το) φιλί (filí)
sex	(το) σεξ (sex)
child	(το) παιδί (paidí)
baby	(το) μωρό (moró)

151 - 175

girl	(το) κορίτσι (korítsi)
boy	(το) αγόρι (agóri)
mum	(η) μαμά (mamá)
dad	(ο) μπαμπάς (bampás)
mother	(η) μητέρα (mitéra)
father	(ο) πατέρας (patéras)
parents	(οι) γονείς (goneís)
son	(ο) γιός (giós)
daughter	(η) κόρη (kóri)
little sister	(η) μικρή αδερφή (mikrí aderfí)
little brother	(ο) μικρός αδερφός (mikrós aderfós)
big sister	(η) μεγάλη αδερφή (megáli aderfí)
big brother	(ο) μεγάλος αδερφός (megálos aderfós)
to stand	στέκομαι (stékomai)
to sit	κάθομαι (káthomai)
to lie	ξαπλώνω (xaplóno)
to close	κλείνω (kleíno)
to open (e.g. a door)	ανοίγω (anoígo)
to lose	χάνω (cháno)
to win	κερδίζω (kerdízo)
to die	πεθαίνω (pethaíno)
to live	ζω (zo)
to turn on	ανάβω (anávo)
to turn off	σβήνω (svíno)
to kill	σκοτώνω (skotóno)

176 - 200

to injure	τραυματίζω (travmatízo)
to touch	αγγίζω (angízo)
to watch	παρακολουθώ (parakolouthó)
to drink	πίνω (píno)
to eat	τρώω (tróo)
to walk	περπατώ (perpató)
to meet	συναντάω (synantáo)
I am looking forward to seeing you	Ανυπομονώ να σε δω (Anypomonó na se do)
to bet	στοιχηματίζω (stoichimatízo)
to kiss	φιλώ (filó)
to follow	ακολουθώ (akolouthó)
to marry	παντρεύομαι (pantrévomai)
to answer	απαντώ (apantó)
to ask	ρωτώ (rotó)
question	ερώτηση (erótisi)
company	(η) Εταιρία (Etairía)
business	(η) επιχείρηση (epicheírisi)
job	(η) δουλειά (douleiá)
money	(τα) χρήματα (chrímata)
telephone	(το) τηλέφωνο (tiléfono)
office	(το) γραφείο (grafeío)
doctor	(ο) γιατρός (giatrós)
hospital	(το) νοσοκομείο (nosokomeío)
nurse	(η) νοσοκόμα (nosokóma)
policeman	(ο) αστυνομικός (astynomikós)

201 - 225

president (of a state)	(ο) πρόεδρος (próedros)
Do you have a phone?	Έχεις τηλέφωνο; (Écheis tiléfono?)
My telephone number is one four three two eight seven five four three	Το τηλέφωνό μου είναι ένα τέσσερα τρία δύο οκτώ επτά πέντε τέσσερα τρία (To tiléfonó mou eínai éna téssera tría dýo októ eptá pénte téssera tría)
white	λευκό (lefkó)
black	μαύρο (mávro)
red	κόκκινο (kókkino)
blue	μπλε (ble)
green	πράσινο (prásino)
yellow	κίτρινο (kítrino)
slow	αργός (argós)
quick	γρήγορος (grígoros)
funny	αστείος (asteíos)
unfair	άδικος (ádikos)
fair	δίκαιος (díkaios)
difficult	δύσκολος (dýskolos)
easy	εύκολος (éfkolos)
This is difficult	Αυτό είναι δύσκολο (Aftó eínai dýskolo)
rich	πλούσιος (ploúsios)
poor	φτωχός (ftochós)
strong	δυνατός (dynatós)
weak	αδύναμος (adýnamos)
safe (adjective)	ασφαλής (asfalís)
tired	κουρασμένος (kourasménos)
proud	υπερήφανος (yperífanos)
full (from eating)	χορτάτος (chortátos)

226 - 250

sick	άρρωστος (árrostos)
healthy	υγιής (ygiís)
angry	θυμωμένος (thymoménos)
low	χαμηλός (chamilós)
high	ψηλός (psilós)
straight (line)	ευθύς (efthýs)
every	κάθε (káthe)
always	πάντα (pánta)
actually	βασικά (vasiká)
again	πάλι (páli)
already	ήδη (ídi)
less	λιγότερο (ligótero)
most	πλέον (pléon)
more	περισσότερο (perissótero)
I want more	Θέλω κι άλλο (Thélo ki állo)
none	κανένας (kanénas)
very	πολύ (polý)
animal	(το) ζώο (zóo)
pig	(ο) χοίρος (choíros)
cow	(η) αγελάδα (ageláda)
horse	(το) άλογο (álogo)
dog	(ο) σκύλος (skýlos)
sheep	(το) πρόβατο (próvato)
monkey	(η) μαϊμού (maïmoú)
cat	(η) γάτα (gáta)

251 - 275

bear	(η) αρκούδα (arkoúda)
chicken (animal)	(το) κοτόπουλο (kotópoulo)
duck	(η) πάπια (pápia)
butterfly	(η) πεταλούδα (petaloúda)
bee	(η) μέλισσα (mélissa)
fish (animal)	(το) ψάρι (psári)
Usually I don't eat fish	Συνήθως δεν τρώω ψάρι (Syníthos den tróo psári)
spider	(η) αράχνη (aráchni)
snake	(το) φίδι (fídi)
I have a dog	Έχω ένα σκύλο (Écho éna skýlo)
outside	έξω (éxo)
inside	μέσα (mésa)
far	μακριά (makriá)
close	κοντά (kontá)
below	από κάτω (apó káto)
above	από πάνω (apó páno)
beside	δίπλα (dípla)
front	μπροστά (brostá)
back (position)	πίσω (píso)
sweet	γλυκός (glykós)
sour	ξινός (xinós)
strange	παράξενος (paráxenos)
soft	μαλακός (malakós)
hard	σκληρός (sklirós)
cute	χαριτωμένος (charitoménos)

276 - 300

stupid	χαζός (chazós)
crazy	τρελός (trelós)
busy	απασχολημένος (apascholiménos)
tall	ψηλός (psilós)
short (height)	κοντός (kontós)
worried	ανήσυχος (anísychos)
surprised	έκπληκτος (ékpliktos)
cool	άνετος (ánetos)
well-behaved	φρόνιμος (frónimos)
evil	κακός (kakós)
clever	έξυπνος (éxypnos)
cold (adjective)	κρύος (krýos)
hot (temperature)	ζεστός (zestós)
head	(το) κεφάλι (kefáli)
nose	(η) μύτη (mýti)
hair	(η) τρίχα (trícha)
mouth	(το) στόμα (stóma)
ear	(το) αυτί (aftí)
eye	(το) μάτι (máti)
hand	(το) χέρι (chéri)
foot	(το) πόδι (pódi)
heart	(η) καρδιά (kardiá)
brain	(ο) εγκέφαλος (enkéfalos)
to pull (... open)	τραβάω (traváo)
to push (... open)	σπρώχνω (spróchno)

301 - 325

to press (a button)	πιέζω (piézo)
to hit	χτυπάω (chtypáo)
to catch	πιάνω (piáno)
to fight	παλεύω (palévo)
to throw	ρίχνω (ríchno)
to run	τρέχω (trécho)
to read	διαβάζω (diavázo)
to write	γράφω (gráfo)
to fix	διορθώνω (diorthóno)
to count	μετράω (metráo)
to cut	κόβω (kóvo)
to sell	πουλάω (pouláo)
to buy	αγοράζω (agorázo)
to pay	πληρώνω (pliróno)
to study	μελετάω (meletáo)
to dream	ονειρεύομαι (oneirévomai)
to sleep	κοιμάμαι (koimámai)
to play	παίζω (paízo)
to celebrate	γιορτάζω (giortázo)
to rest	ξεκουράζομαι (xekourázomai)
to enjoy	απολαμβάνω (apolamváno)
to clean	καθαρίζω (katharízo)
school	(το) σχολείο (scholeío)
house	(το) σπίτι (spíti)
door	(η) πόρτα (pórta)

326 - 350

husband	(ο) σύζυγος (sýzygos)
wife	(η) σύζυγος (sýzygos)
wedding	(ο) γάμος (gámos)
person	(ο) άνθρωπος (ánthropos)
car	(το) αυτοκίνητο (aftokínito)
home	(το) σπίτι (spíti)
city	(η) πόλη (póli)
number	(ο) αριθμός (arithmós)
21	είκοσι ένα (eíkosi éna)
22	είκοσι δύο (eíkosi dýo)
26	είκοσι έξι (eíkosi éxi)
30	τριάντα (triánta)
31	τριάντα ένα (triánta éna)
33	τριάντα τρία (triánta tría)
37	τριάντα επτά (triánta eptá)
40	σαράντα (saránta)
41	σαράντα ένα (saránta éna)
44	σαράντα τέσσερα (saránta téssera)
48	σαράντα οκτώ (saránta októ)
50	πενήντα (penínta)
51	πενήντα ένα (penínta éna)
55	πενήντα πέντε (penínta pénte)
59	πενήντα εννέα (penínta ennéa)
60	εξήντα (exínta)
61	εξήντα ένα (exínta éna)

351 - 375

62	εξήντα δύο (exínta dýo)
66	εξήντα έξι (exínta éxi)
70	εβδομήντα (evdomínta)
71	εβδομήντα ένα (evdomínta éna)
73	εβδομήντα τρία (evdomínta tría)
77	εβδομήντα επτά (evdomínta eptá)
80	ογδόντα (ogdónta)
81	ογδόντα ένα (ogdónta éna)
84	ογδόντα τέσσερα (ogdónta téssera)
88	ογδόντα οκτώ (ogdónta októ)
90	ενενήντα (enenínta)
91	ενενήντα ένα (enenínta éna)
95	ενενήντα πέντε (enenínta pénte)
99	ενενήντα εννιά (enenínta enniá)
100	εκατό (ekató)
1000	χίλια (chília)
10.000	δέκα χιλιάδες (déka chiliádes)
100.000	εκατό χιλιάδες (ekató chiliádes)
1.000.000	ένα εκατομμύριο (éna ekatommýrio)
my dog	ο σκύλος μου (o skýlos mou)
your cat	η γάτα σου (i gáta sou)
her dress	το φόρεμά της (to fóremá tis)
his car	το αυτοκίνητό του (to aftokínitó tou)
its ball	η μπάλα του (i bála tou)
our home	το σπίτι μας (to spíti mas)

your team	η ομάδα σας (i omáda sas)
their company	η εταιρία τους (i etairía tous)
everybody	όλοι (óloi)
together	μαζί (mazí)
other	άλλα (álla)
doesn't matter	δεν έχει σημασία (den échei simasía)
cheers	εις υγείαν (eis ygeían)
relax	χαλάρωσε (chalárose)
I agree	συμφωνώ (symfonó)
welcome	καλώς ήρθατε (kalós írthate)
no worries	μην ανησυχείς (min anisycheís)
turn right	στρίψε δεξιά (strípse dexiá)
turn left	στρίψε αριστερά (strípse aristerá)
go straight	πήγαινε ευθεία (pígaine eftheía)
Come with me	έλα μαζί μου (éla mazí mou)
egg	(το) αυγό (avgó)
cheese	(το) τυρί (tyrí)
milk	(το) γάλα (gála)
fish (to eat)	(το) ψάρι (psári)
meat	(το) κρέας (kréas)
vegetable	(το) λαχανικό (lachanikó)
fruit	(τα) φρούτα (froúta)
bone (food)	(το) οστό (ostó)
oil	(το) λάδι (ládi)
bread	(το) ψωμί (psomí)

401 - 425

sugar	(η) ζάχαρη (záchari)
chocolate	(η) σοκολάτα (sokoláta)
candy	(η) καραμέλα (karaméla)
cake	(το) κέικ (kéik)
drink	(το) ποτό (potó)
water	(το) νερό (neró)
soda	(η) σόδα (sóda)
coffee	(ο) καφές (kafés)
tea	(το) τσάι (tsái)
beer	(η) μπύρα (býra)
wine	(το) κρασί (krasí)
salad	(η) σαλάτα (saláta)
soup	(η) σούπα (soúpa)
dessert	(το) επιδόρπιο (epidórpio)
breakfast	(το) πρωινό (proinó)
lunch	(το) μεσημεριανό (mesimerianó)
dinner	(το) δείπνο (deípno)
pizza	(η) πίτσα (pítsa)
bus	(το) λεωφορείο (leoforeío)
train	(το) τρένο (tréno)
train station	(ο) σιδηροδρομικός σταθμός (sidirodromikós stathmós)
bus stop	(η) στάση λεωφορείου (stási leoforeíou)
plane	(το) αεροπλάνο (aeropláno)
ship	(το) πλοίο (ploío)
lorry	(το) φορτηγό (fortigó)

426 - 450

bicycle	(το) ποδήλατο (podílato)
motorcycle	(η) μοτοσυκλέτα (motosykléta)
taxi	(το) ταξί (taxí)
traffic light	(το) φανάρι (fanári)
car park	(ο) χώρος στάθμευσης (chóros státhmefsis)
road	(ο) δρόμος (drómos)
clothing	(το) ρούχο (roúcho)
shoe	(το) παπούτσι (papoútsi)
coat	(το) παλτό (paltó)
sweater	(το) φούτερ (foúter)
shirt	(το) πουκάμισο (poukámiso)
jacket	(το) τζάκετ (tzáket)
suit	(το) κοστούμι (kostoúmi)
trousers	(το) παντελόνι (pantelóni)
dress	(το) φόρεμα (fórema)
T-shirt	(η) κοντομάνικη μπλούζα (kontomániki bloúza)
sock	(η) κάλτσα (káltsa)
bra	(το) σουτιέν (soutién)
underpants	(το) σώβρακο (sóvrako)
glasses	(τα) γυαλιά (gyaliá)
handbag	(η) τσάντα (tsánta)
purse	(το) τσαντάκι (tsantáki)
wallet	(το) πορτοφόλι (portofóli)
ring	(το) δαχτυλίδι (dachtylídi)
hat	(το) καπέλο (kapélo)

451 - 475

watch	(το) ρολόι (rolói)
pocket	(η) τσέπη (tsépi)
What's your name?	Πώς σε λένε; (Pós se léne?)
My name is David	Το όνομά μου είναι Ντέιβιντ (To ónomá mou eínai Ntéivint)
I'm 22 years old	Είμαι 22 χρονών (Eímai 22 chronón)
Sorry, I'm a little late	Συγγνώμη, άργησα λίγο (Syngnómi, árgisa lígo)
How are you?	Τί κάνεις; (Tí káneis?)
Are you ok?	Είσαι καλά; (Eísai kalá?)
Where is the toilet?	Πού είναι η τουαλέτα; (Poú eínai i toualéta?)
I miss you	μου λείπεις (mou leípeis)
spring	(η) άνοιξη (ánoixi)
summer	(το) καλοκαίρι (kalokaíri)
autumn	(το) φθινόπωρο (fthinóporo)
winter	(ο) χειμώνας (cheimónas)
January	(ο) Ιανουάριος (Ianouários)
February	(ο) Φεβρουάριος (Fevrouários)
March	(ο) Μάρτιος (Mártios)
April	(ο) Απρίλιος (Aprílios)
May	(ο) Μάιος (Máios)
June	(ο) Ιούνιος (Ioúnios)
July	(ο) Ιούλιος (Ioúlios)
August	(ο) Αύγουστος (Ávgoustos)
September	(ο) Σεπτέμβριος (Septémvrios)
October	(ο) Οκτώβριος (Októvrios)
November	(ο) Νοέμβριος (Noémvrios)

476 - 500

December	(ο) Δεκέμβριος (Dekémvrios)
shopping	(τα) ψώνια (psónia)
bill	(ο) λογαριασμός (logariasmós)
market	(η) αγορά (agorá)
supermarket	(το) σούπερ μάρκετ (soúper márket)
building	(το) κτίριο (ktírio)
apartment	(το) διαμέρισμα (diamérisma)
university	(το) πανεπιστήμιο (panepistímio)
farm	(το) αγρόκτημα (agróktima)
church	(η) εκκλησία (ekklisía)
restaurant	(το) εστιατόριο (estiatório)
bar	(το) μπαρ (bar)
gym	(το) γυμναστήριο (gymnastírio)
park	(το) πάρκο (párko)
toilet (public)	(η) τουαλέτα (toualéta)
map	(ο) χάρτης (chártis)
ambulance	(το) ασθενοφόρο (asthenofóro)
police	(η) αστυνομία (astynomía)
gun	(το) όπλο (óplo)
firefighters	(η) πυροσβεστική (pyrosvestikí)
country	(η) χώρα (chóra)
suburb	(το) προάστιο (proástio)
village	(το) χωριό (chorió)
health	(η) υγεία (ygeía)
medicine	(το) φάρμακο (fármako)

501 - 525

accident	(το) **ατύχημα** (atýchima)
patient	(ο) **ασθενής** (asthenís)
surgery	(το) **χειρουργείο** (cheirourgeío)
pill	(το) **χάπι** (chápi)
fever	(ο) **πυρετός** (pyretós)
cold (sickness)	(το) **κρυολόγημα** (kryológima)
wound	(η) **πληγή** (pligí)
appointment	(το) **ραντεβού** (rantevoú)
cough	(ο) **βήχας** (víchas)
neck	(ο) **λαιμός** (laimós)
bottom	(ο) **πισινός** (pisinós)
shoulder	(ο) **ώμος** (ómos)
knee	(το) **γόνατο** (gónato)
leg	(το) **πόδι** (pódi)
arm	(το) **χέρι** (chéri)
belly	(η) **κοιλιά** (koiliá)
bosom	(το) **στήθος** (stíthos)
back (part of body)	(η) **πλάτη** (pláti)
tooth	(το) **δόντι** (dónti)
tongue	(η) **γλώσσα** (glóssa)
lip	(το) **χείλος** (cheílos)
finger	(το) **δάχτυλο** (dáchtylo)
toe	(το) **δάχτυλο του ποδιού** (dáchtylo tou podioú)
stomach	(το) **στομάχι** (stomáchi)
lung	(ο) **πνεύμονας** (pnévmonas)

liver	(το) **συκώτι** (sykóti)
nerve	(το) **νεύρο** (névro)
kidney	(ο) **νεφρός** (nefrós)
intestine	(το) **έντερο** (éntero)
colour	(το) **χρώμα** (chróma)
orange (colour)	**πορτοκάλι** (portokáli)
grey	**γκρί** (nkrí)
brown	**καφέ** (kafé)
pink	**ροζ** (roz)
boring	**βαρετός** (varetós)
heavy	**βαρύς** (varýs)
light (weight)	**ελαφρύς** (elafrýs)
lonely	**μοναχικός** (monachikós)
hungry	**πεινασμένος** (peinasménos)
thirsty	**διψασμένος** (dipsasménos)
sad	**λυπημένος** (lypiménos)
steep	**απότομος** (apótomos)
flat	**επίπεδος** (epípedos)
round	**στρογγυλός** (strongylós)
square (adjective)	**τετράγωνος** (tetrágonos)
narrow	**στενός** (stenós)
broad	**ευρύς** (evrýs)
deep	**βαθύς** (vathýs)
shallow	**ρηχός** (richós)
huge	**τεράστιος** (terástios)

551 - 575

north	βόρεια (vóreia)
east	ανατολικά (anatoliká)
south	νότια (nótia)
west	δυτικά (dytiká)
dirty	βρώμικος (vrómikos)
clean	καθαρός (katharós)
full (not empty)	γεμάτος (gemátos)
empty	άδειος (ádeios)
expensive	ακριβός (akrivós)
This is quite expensive	Αυτό είναι αρκετά ακριβό (Aftó eínai arketá akrivó)
cheap	φθηνός (fthinós)
dark	σκοτεινός (skoteinós)
light (colour)	φωτεινός (foteinós)
sexy	σέξι (séxi)
lazy	τεμπέλης (tempélis)
brave	γενναίος (gennaíos)
generous	γενναιόδωρος (gennaiódoros)
handsome	όμορφος (ómorfos)
ugly	άσχημος (áschimos)
silly	ανόητος (anóitos)
friendly	φιλικός (filikós)
guilty	ένοχος (énochos)
blind	τυφλός (tyflós)
drunk	μεθυσμένος (methysménos)
wet	βρεγμένος (vregménos)

576 - 600

dry	στεγνός (stegnós)
warm	θερμός (thermós)
loud	θορυβώδης (thoryvódis)
quiet	ήσυχος (ísychos)
silent	σιωπηλός (siopilós)
kitchen	(η) κουζίνα (kouzína)
bathroom	(το) μπάνιο (bánio)
living room	(το) σαλόνι (salóni)
bedroom	(η) κρεβατοκάμαρα (krevatokámara)
garden	(ο) κήπος (kípos)
garage	(το) γκαράζ (nkaráz)
wall	(ο) τοίχος (toíchos)
basement	(το) υπόγειο (ypógeio)
toilet (at home)	(η) τουαλέτα (toualéta)
stairs	(οι) σκάλες (skáles)
roof	(η) στέγη (stégi)
window (building)	(το) παράθυρο (paráthyro)
knife	(το) μαχαίρι (machaíri)
cup (for hot drinks)	(το) φλιτζάνι (flitzáni)
glass	(το) ποτήρι (potíri)
plate	(το) πιάτο (piáto)
cup (for cold drinks)	(η) κούπα (koúpa)
garbage bin	(ο) κάδος σκουπιδιών (kádos skoupidión)
bowl	(το) μπολ (bol)
TV set	(η) τηλεόραση (tileórasi)

601 - 625

desk	(το) γραφείο (grafeío)
bed	(το) κρεβάτι (kreváti)
mirror	(ο) καθρέφτης (kathréftis)
shower	(το) ντους (ntous)
sofa	(ο) καναπές (kanapés)
picture	(η) εικόνα (eikóna)
clock	(το) ρολόι (rolói)
table	(το) τραπέζι (trapézi)
chair	(η) καρέκλα (karékla)
swimming pool (garden)	(η) πισίνα (pisína)
bell	(το) κουδούνι (koudoúni)
neighbour	(ο) γείτονας (geítonas)
to fail	αποτυγχάνω (apotycháno)
to choose	επιλέγω (epilégo)
to shoot	πυροβολώ (pyrovoló)
to vote	ψηφίζω (psifízo)
to fall	πέφτω (péfto)
to defend	αμύνομαι (amýnomai)
to attack	επιτίθεμαι (epitíthemai)
to steal	κλέβω (klévo)
to burn	καίω (kaío)
to rescue	σώζω (sózo)
to smoke	καπνίζω (kapnízo)
to fly	πετάω (petáo)
to carry	μεταφέρω (metaféro)

626 - 650

to spit	φτύνω (ftýno)
to kick	κλωτσάω (klotsáo)
to bite	δαγκώνω (dankóno)
to breathe	αναπνέω (anapnéo)
to smell	μυρίζω (myrízo)
to cry	κλαίω (klaío)
to sing	τραγουδάω (tragoudáo)
to smile	χαμογελάω (chamogeláo)
to laugh	γελάω (geláo)
to grow	μεγαλώνω (megalóno)
to shrink	συρρικνώνομαι (syrriknónomai)
to argue	διαφωνώ (diafonó)
to threaten	απειλώ (apeiló)
to share	μοιράζομαι (moirázomai)
to feed	ταΐζω (taízo)
to hide	κρύβω (krývo)
to warn	προειδοποιώ (proeidopoió)
to swim	κολυμπάω (kolympáo)
to jump	πηδάω (pidáo)
to roll	κυλώ (kyló)
to lift	σηκώνω (sikóno)
to dig	σκάβω (skávo)
to copy	αντιγράφω (antigráfo)
to deliver	παραδίδω (paradído)
to look for	ψάχνω (psáchno)

651 - 675

to practice	εξασκώ (exaskó)
to travel	ταξιδεύω (taxidévo)
to paint	ζωγραφίζω (zografízo)
to take a shower	κάνω ντους (káno ntous)
to open (unlock)	ανοίγω (anoígo)
to lock	κλειδώνω (kleidóno)
to wash	πλένω (pléno)
to pray	προσεύχομαι (proséfchomai)
to cook	μαγειρεύω (mageirévo)
book	(το) βιβλίο (vivlío)
library	(η) βιβλιοθήκη (vivliothíki)
homework	(η) εργασία για το σπίτι (ergasía gia to spíti)
exam	(οι) εξετάσεις (exetáseis)
lesson	(το) μάθημα (máthima)
science	(η) επιστήμη (epistími)
history	(η) ιστορία (istoría)
art	(η) τέχνη (téchni)
English	(τα) Αγγλικά (Angliká)
French	(τα) Γαλλικά (Galliká)
pen	(το) στυλό (styló)
pencil	(το) μολύβι (molývi)
3%	τρία τοις εκατό (tría tois ekató)
first	(ο) πρώτος (prótos)
second (2nd)	(ο) δεύτερος (défteros)
third	(ο) τρίτος (trítos)

676 - 700

fourth	(ο) τέταρτος (tétartos)
result	(το) αποτέλεσμα (apotélesma)
square (shape)	(το) τετράγωνο (tetrágono)
circle	(ο) κύκλος (kýklos)
area	(η) επιφάνεια (epifáneia)
research	(η) έρευνα (érevna)
degree	(το) πτυχίο (ptychío)
bachelor	(το) πτυχίο (ptychío)
master	(το) μεταπτυχιακό (metaptychiakó)
x < y	το x είναι μικρότερο από το y (to x eínai mikrótero apó to y)
x > y	το x είναι μεγαλύτερο από το y (to x eínai megalýtero apó to y)
stress	(το) άγχος (ánchos)
insurance	(η) ασφάλεια (asfáleia)
staff	(το) προσωπικό (prosopikó)
department	(το) τμήμα (tmíma)
salary	(ο) μισθός (misthós)
address	(η) διεύθυνση (diéfthynsi)
letter (post)	(το) γράμμα (grámma)
captain	(ο) καπετάνιος (kapetánios)
detective	(ο) ντετέκτιβ (ntetéktiv)
pilot	(ο) πιλότος (pilótos)
professor	(ο) καθηγητής (kathigitís)
teacher	(ο) δάσκαλος (dáskalos)
lawyer	(ο) δικηγόρος (dikigóros)
secretary	(ο) γραμματέας (grammatéas)

701 - 725

assistant	(ο) βοηθός (voithós)
judge	(ο) δικαστής (dikastís)
director	(ο) διευθυντής (diefthyntís)
manager	(ο) μάνατζερ (mánatzer)
cook	(ο) μάγειρας (mágeiras)
taxi driver	(ο) οδηγός ταξί (odigós taxí)
bus driver	(ο) οδηγός λεωφορείου (odigós leoforeíou)
criminal	(ο) εγκληματίας (enklimatías)
model	(το) μοντέλο (montélo)
artist	(ο) καλλιτέχνης (kallitéchnis)
telephone number	(ο) αριθμός τηλεφώνου (arithmós tilefónou)
signal (of phone)	(το) σήμα (síma)
app	(η) εφαρμογή (efarmogí)
chat	(η) συνομιλία (synomilía)
file	(το) αρχείο (archeío)
url	(η) ιστοδιεύθυνση (istodiéfthynsi)
e-mail address	(η) διεύθυνση ηλεκτρονικού ταχυδρομείου (diéfthynsi ilektronikoú tachydromeíou)
website	(η) ιστοσελίδα (istoselída)
e-mail	(το) ηλεκτρονικό ταχυδρομείο (ilektronikó tachydromeío)
My email address is david at pinhok dot com	Η διεύθυνση ηλεκτρονικού ταχυδρομείου μου είναι david παπάκι pinhok τελεία com (I diéfthynsi ilektronikoú tachydromeíou mou eínai david papáki pinhok teleía com)
mobile phone	(το) κινητό τηλέφωνο (kinitó tiléfono)
law	(ο) νόμος (nómos)
prison	(η) φυλακή (fylakí)
evidence	(η) απόδειξη (apódeixi)
fine	(το) πρόστιμο (próstimo)

726 - 750

witness	(ο) **μάρτυρας** (mártyras)
court	(το) **δικαστήριο** (dikastírio)
signature	(η) **υπογραφή** (ypografí)
loss	(η) **απώλεια** (apóleia)
profit	(το) **κέρδος** (kérdos)
customer	(ο) **πελάτης** (pelátis)
amount	(το) **ποσό** (posó)
credit card	(η) **πιστωτική κάρτα** (pistotikí kárta)
password	(ο) **κωδικός** (kodikós)
cash machine	(η) **μηχανή μετρητών** (michaní metritón)
swimming pool (competition)	(η) **πισίνα** (pisína)
power	(το) **ρεύμα** (révma)
camera	(η) **φωτογραφική μηχανή** (fotografikí michaní)
radio	(το) **ραδιόφωνο** (radiófono)
present (gift)	(το) **δώρο** (dóro)
bottle	(το) **μπουκάλι** (boukáli)
bag	(η) **σακούλα** (sakoúla)
key	(το) **κλειδί** (kleidí)
doll	(η) **κούκλα** (koúkla)
angel	(ο) **άγγελος** (ángelos)
comb	(η) **χτένα** (chténa)
toothpaste	(η) **οδοντόκρεμα** (odontókrema)
toothbrush	(η) **οδοντόβουρτσα** (odontóvourtsa)
shampoo	(το) **σαμπουάν** (sampouán)
cream (pharmaceutical)	(η) **κρέμα** (kréma)

751 - 775

tissue	(το) χαρτομάντιλο (chartomántilo)
lipstick	(το) κραγιόν (kragión)
TV	(η) τηλεόραση (tileórasi)
cinema	(ο) κινηματογράφος (kinimatográfos)
I want to go to the cinema	Θέλω να πάω στον κινηματογράφο (Thélo na páo ston kinimatográfo)
news	(τα) νέα (néa)
seat	(η) θέση (thési)
ticket	(το) εισιτήριο (eisitírio)
screen (cinema)	(η) οθόνη (othóni)
music	(η) μουσική (mousikí)
stage	(η) σκηνή (skiní)
audience	(το) κοινό (koinó)
painting	(η) ζωγραφική (zografikí)
joke	(το) αστείο (asteío)
article	(το) άρθρο (árthro)
newspaper	(η) εφημερίδα (efimerída)
magazine	(το) περιοδικό (periodikó)
advertisement	(η) διαφήμιση (diafímisi)
nature	(η) φύση (fýsi)
ash	(η) τέφρα (téfra)
fire (general)	(η) φωτιά (fotiá)
diamond	(το) διαμάντι (diamánti)
moon	(το) φεγγάρι (fengári)
earth	(η) γη (gi)
sun	(ο) ήλιος (ílios)

776 - 800

star	(το) αστέρι (astéri)
planet	(ο) πλανήτης (planítis)
universe	(το) σύμπαν (sýmpan)
coast	(η) ακτή (aktí)
lake	(η) λίμνη (límni)
forest	(το) δάσος (dásos)
desert (dry place)	(η) έρημος (érimos)
hill	(ο) λόφος (lófos)
rock (stone)	(ο) βράχος (vráchos)
river	(το) ποτάμι (potámi)
valley	(η) κοιλάδα (koiláda)
mountain	(το) βουνό (vounó)
island	(το) νησί (nisí)
ocean	(ο) ωκεανός (okeanós)
sea	(η) θάλασσα (thálassa)
weather	(ο) καιρός (kairós)
ice	(ο) πάγος (págos)
snow	(το) χιόνι (chióni)
storm	(η) καταιγίδα (kataigída)
rain	(η) βροχή (vrochí)
wind	(ο) άνεμος (ánemos)
plant	(το) φυτό (fytó)
tree	(το) δέντρο (déntro)
grass	(το) γρασίδι (grasídi)
rose	(το) τριαντάφυλλο (triantáfyllo)

801 - 825

flower	(το) **λουλούδι** (louloúdi)
gas	(το) **αέριο** (aério)
metal	(το) **μέταλλο** (métallo)
gold	(ο) **χρυσός** (chrysós)
silver	(το) **ασήμι** (asími)
Silver is cheaper than gold	Το ασήμι είναι φθηνότερο από τον χρυσό (To asími eínai fthinótero apó ton chrysó)
Gold is more expensive than silver	Ο χρυσός είναι ακριβότερος από το ασήμι (O chrysós eínai akrivóteros apó to asími)
holiday	(οι) **διακοπές** (diakopés)
member	(το) **μέλος** (mélos)
hotel	(το) **ξενοδοχείο** (xenodocheío)
beach	(η) **παραλία** (paralía)
guest	(ο) **επισκέπτης** (episképtis)
birthday	(τα) **γενέθλια** (genéthlia)
Christmas	(τα) **Χριστούγεννα** (Christoúgenna)
New Year	(η) **Πρωτοχρονιά** (Protochroniá)
Easter	(το) **Πάσχα** (Páscha)
uncle	(ο) **θείος** (theíos)
aunt	(η) **θεία** (theía)
grandmother (paternal)	(η) **γιαγιά** (giagiá)
grandfather (paternal)	(ο) **παππούς** (pappoús)
grandmother (maternal)	(η) **γιαγιά** (giagiá)
grandfather (maternal)	(ο) **παππούς** (pappoús)
death	(ο) **θάνατος** (thánatos)
grave	(ο) **τάφος** (táfos)
divorce	(το) **διαζύγιο** (diazýgio)

826 - 850

bride	(η) **νύφη** (nýfi)
groom	(ο) **γαμπρός** (gamprós)
101	**εκατόν ένα** (ekatón éna)
105	**εκατόν πέντε** (ekatón pénte)
110	**εκατόν δέκα** (ekatón déka)
151	**εκατόν πενήντα ένα** (ekatón penínta éna)
200	**διακόσια** (diakósia)
202	**διακόσια δύο** (diakósia dýo)
206	**διακόσια έξι** (diakósia éxi)
220	**διακόσια είκοσι** (diakósia eíkosi)
262	**διακόσια εξήντα δύο** (diakósia exínta dýo)
300	**τριακόσια** (triakósia)
303	**τριακόσια τρία** (triakósia tría)
307	**τριακόσια επτά** (triakósia eptá)
330	**τριακόσια τριάντα** (triakósia triánta)
373	**τριακόσια εβδομήντα τρία** (triakósia evdomínta tría)
400	**τετρακόσια** (tetrakósia)
404	**τετρακόσια τέσσερα** (tetrakósia téssera)
408	**τετρακόσια οκτώ** (tetrakósia októ)
440	**τετρακόσια σαράντα** (tetrakósia saránta)
484	**τετρακόσια ογδόντα τέσσερα** (tetrakósia ogdónta téssera)
500	**πεντακόσια** (pentakósia)
505	**πεντακόσια πέντε** (pentakósia pénte)
509	**πεντακόσια εννέα** (pentakósia ennéa)
550	**πεντακόσια πενήντα** (pentakósia penínta)

851 - 875

595	πεντακόσια ενενήντα πέντε (pentakósia enenínta pénte)
600	εξακόσια (exakósia)
601	εξακόσια ένα (exakósia éna)
606	εξακόσια έξι (exakósia éxi)
616	εξακόσια δεκαέξι (exakósia dekaéxi)
660	εξακόσια εξήντα (exakósia exínta)
700	επτακόσια (eptakósia)
702	επτακόσια δύο (eptakósia dýo)
707	επτακόσια επτά (eptakósia eptá)
727	επτακόσια είκοσι επτά (eptakósia eíkosi eptá)
770	επτακόσια εβδομήντα (eptakósia evdomínta)
800	οκτακόσια (oktakósia)
803	οκτακόσια τρία (oktakósia tría)
808	οκτακόσια οκτώ (oktakósia októ)
838	οκτακόσια τριάντα οκτώ (oktakósia triánta októ)
880	οκτακόσια ογδόντα (oktakósia ogdónta)
900	εννιακόσια (enniakósia)
904	εννιακόσια τέσσερα (enniakósia téssera)
909	εννιακόσια εννέα (enniakósia ennéa)
949	εννιακόσια σαράντα εννέα (enniakósia saránta ennéa)
990	εννιακόσια ενενήντα (enniakósia enenínta)
tiger	(η) τίγρη (tígri)
mouse (animal)	(το) ποντίκι (pontíki)
rat	(ο) αρουραίος (arouraíos)
rabbit	(το) κουνέλι (kounéli)

876 - 900

lion	(το) **λιοντάρι** (liontári)
donkey	(ο) **γάιδαρος** (gáidaros)
elephant	(ο) **ελέφαντας** (eléfantas)
bird	(το) **πουλί** (poulí)
cockerel	(ο) **κόκορας** (kókoras)
pigeon	(το) **περιστέρι** (peristéri)
goose	(η) **χήνα** (chína)
insect	(το) **έντομο** (éntomo)
bug	(το) **ζουζούνι** (zouzoúni)
mosquito	(το) **κουνούπι** (kounoúpi)
fly	(η) **μύγα** (mýga)
ant	(το) **μυρμήγκι** (myrmínki)
whale	(η) **φάλαινα** (fálaina)
shark	(ο) **καρχαρίας** (karcharías)
dolphin	(το) **δελφίνι** (delfíni)
snail	(το) **σαλιγκάρι** (salinkári)
frog	(ο) **βάτραχος** (vátrachos)
often	**συχνά** (sychná)
immediately	**αμέσως** (amésos)
suddenly	**ξαφνικά** (xafniká)
although	**αν και** (an kai)
I don't understand	**Δεν καταλαβαίνω** (Den katalavaíno)
I'm David, nice to meet you	**Είμαι ο Ντέιβιντ, χάρηκα** (Eímai o Ntéivint, chárika)
Let's watch a film	**Ας δούμε μια ταινία** (As doúme mia tainía)
This is my girlfriend Anna	**Αυτή είναι η κοπέλα μου η Άννα** (Aftí eínai i kopéla mou i Ánna)

901 - 925

Let's go home	Πάμε σπίτι (Páme spíti)
I want a cold coke	Θέλω μια κρύα κόκα κόλα (Thélo mia krýa kóka kóla)
gymnastics	(η) ενόργανη γυμναστική (enórgani gymnastikí)
tennis	(η) αντισφαίριση (antisfaírisi)
running	(το) τρέξιμο (tréximo)
cycling	(η) ποδηλασία (podilasía)
golf	(το) γκολφ (nkolf)
ice skating	(η) παγοδρομία (pagodromía)
football	(το) ποδόσφαιρο (podósfairo)
basketball	(η) καλαθοσφαίριση (kalathosfaírisi)
swimming	(η) κολύμβηση (kolýmvisi)
diving (under the water)	(οι) καταδύσεις (katadýseis)
hiking	(η) πεζοπορία (pezoporía)
United Kingdom	(το) Ηνωμένο Βασίλειο (Inoméno Vasíleio)
Spain	(η) Ισπανία (Ispanía)
Switzerland	(η) Ελβετία (Elvetía)
Italy	(η) Ιταλία (Italía)
France	(η) Γαλλία (Gallía)
Germany	(η) Γερμανία (Germanía)
Thailand	(η) Ταϊλάνδη (Taïlándi)
Singapore	(η) Σιγκαπούρη (Sinkapoúri)
Russia	(η) Ρωσία (Rosía)
Japan	(η) Ιαπωνία (Iaponía)
Israel	(το) Ισραήλ (Israíl)
India	(η) Ινδία (Indía)

926 - 950

China	(η) **Κίνα** (Kína)
The United States of America	(οι) **Ηνωμένες Πολιτείες της Αμερικής** (Inoménes Politeíes tis Amerikís)
Mexico	(το) **Μεξικό** (Mexikó)
Canada	(ο) **Καναδάς** (Kanadás)
* Chile	(η) **Χιλή** (Chilí)
Brazil	(η) **Βραζιλία** (Vrazilía)
Argentina	(η) **Αργεντίνη** (Argentíni)
South Africa	(η) **Νότια Αφρική** (Nótia Afrikí)
Nigeria	(η) **Νιγηρία** (Nigiría)
Morocco	(το) **Μαρόκο** (Maróko)
Libya	(η) **Λιβύη** (Livýi)
Kenya	(η) **Κένυα** (Kénya)
Algeria	(η) **Αλγερία** (Algería)
Egypt	(η) **Αίγυπτος** (Aígyptos)
New Zealand	(η) **Νέα Ζηλανδία** (Néa Zilandía)
Australia	(η) **Αυστραλία** (Afstralía)
Africa	(η) **Αφρική** (Afrikí)
Europe	(η) **Ευρώπη** (Evrópi)
Asia	(η) **Ασία** (Asía)
America	(η) **Αμερική** (Amerikí)
quarter of an hour	(το) **τέταρτο της ώρας** (tétarto tis óras)
half an hour	(η) **μισή ώρα** (misí óra)
three quarters of an hour	(τα) **τρία τέταρτα της ώρας** (tría tétarta tis óras)
1:00	**μία η ώρα** (mía i óra)
2:05	**δύο και πέντε** (dýo kai pénte)

951 - 975

3:10	τρεις και δέκα (treis kai déka)
4:15	τέσσερις και τέταρτο (tésseris kai tétarto)
5:20	πέντε και είκοσι (pénte kai eíkosi)
6:25	έξι και είκοσι πέντε (éxi kai eíkosi pénte)
7:30	επτά και μισή (eptá kai misí)
8:35	οκτώ και τριάντα πέντε (októ kai triánta pénte)
9:40	δέκα παρά είκοσι (déka pará eíkosi)
10:45	έντεκα παρά τέταρτο (énteka pará tétarto)
11:50	δώδεκα παρά δέκα (dódeka pará déka)
12:55	μία παρά πέντε (mía pará pénte)
one o'clock in the morning	μία το πρωί (mía to proí)
two o'clock in the afternoon	δύο το απόγευμα (dýo to apógevma)
last week	την προηγούμενη εβδομάδα (tin proigoúmeni evdomáda)
this week	αυτή την εβδομάδα (aftí tin evdomáda)
next week	την επόμενη εβδομάδα (tin epómeni evdomáda)
last year	πέρυσι (pérysi)
this year	φέτος (fétos)
next year	του χρόνου (tou chrónou)
last month	τον προηγούμενο μήνα (ton proigoúmeno mína)
this month	αυτό το μηνα (aftó to mina)
next month	τον επόμενο μήνα (ton epómeno mína)
2014-01-01	πρώτη Ιανουαρίου δύο χιλιάδες δεκατέσσερα (próti Ianouaríou dýo chiliádes dekatéssera)
2003-02-25	είκοσι πέντε Φεβρουαρίου δύο χιλιάδες τρία (eíkosi pénte Fevrouaríou dýo chiliádes tría)
1988-04-12	δώδεκα Απριλίου χίλια εννιακόσια ογδόντα οκτώ (dódeka Aprilíou chília enniakósia ogdónta októ)
1899-10-13	δεκατρείς Οκτώβριου χίλια οκτακόσια ενενήντα εννέα (dekatreís Októvríou chília oktakósia enenínta ennéa)

976 - 1000

1907-09-30	τριάντα Σεπτεμβρίου χίλια εννιακόσια επτά (triánta Septemvríou chília enniakósia eptá)
2000-12-12	δώδεκα Δεκεμβρίου δύο χιλιάδες (dódeka Dekemvríou dýo chiliádes)
forehead	(το) μέτωπο (métopo)
wrinkle	(η) ρυτίδα (rytída)
chin	(το) πηγούνι (pigoúni)
cheek	(το) μάγουλο (mágoulo)
beard	(τα) γένια (génia)
eyelashes	(οι) βλεφαρίδες (vlefarídes)
eyebrow	(το) φρύδι (frýdi)
waist	(η) μέση (mési)
nape	(ο) αυχένας (afchénas)
chest	(ο) θώρακας (thórakas)
thumb	(ο) αντίχειρας (antícheiras)
little finger	(το) μικρό δάχτυλο (mikró dáchtylo)
ring finger	(ο) παράμεσος (parámesos)
middle finger	(το) μεσαίο δάχτυλο (mesaío dáchtylo)
index finger	(ο) δείκτης (deíktis)
wrist	(ο) καρπός (karpós)
fingernail	(το) νύχι (nýchi)
heel	(η) φτέρνα (ftérna)
spine	(η) σπονδυλική στήλη (spondylikí stíli)
muscle	(ο) μυς (mys)
bone (part of body)	(το) οστό (ostó)
skeleton	(ο) σκελετός (skeletós)
rib	(το) πλευρό (plevró)

1001 - 1025

vertebra	(ο) σπόνδυλος (spóndylos)
bladder	(η) ουροδόχος κύστη (ourodóchos kýsti)
vein	(η) φλέβα (fléva)
artery	(η) αρτηρία (artiría)
vagina	(ο) κόλπος (kólpos)
sperm	(το) σπέρμα (spérma)
penis	(το) πέος (péos)
testicle	(ο) όρχις (órchis)
juicy	χυμώδης (chymódis)
hot (spicy)	καυτερός (kafterós)
salty	αλμυρός (almyrós)
raw	ωμός (omós)
boiled	βρασμένος (vrasménos)
shy	ντροπαλός (ntropalós)
greedy	άπληστος (áplistos)
strict	αυστηρός (afstirós)
deaf	κουφός (koufós)
mute	βουβός (vouvós)
chubby	παχουλός (pachoulós)
skinny	κοκαλιάρης (kokaliáris)
plump	παχύς (pachýs)
slim	λεπτός (leptós)
sunny	ηλιόλουστος (ilióloustos)
rainy	βροχερός (vrocherós)
foggy	ομιχλώδης (omichlódis)

1026 - 1050

cloudy	συννεφιασμένος (synnefiasménos)
windy	ανεμώδης (anemódis)
panda	(το) πάντα (pánta)
goat	(η) κατσίκα (katsíka)
polar bear	(η) πολική αρκούδα (polikí arkoúda)
wolf	(ο) λύκος (lýkos)
rhino	(ο) ρινόκερος (rinókeros)
koala	(το) κοάλα (koála)
kangaroo	(το) καγκουρό (kankouró)
camel	(η) καμήλα (kamíla)
hamster	(το) χάμστερ (chámster)
giraffe	(η) καμηλοπάρδαλη (kamilopárdali)
squirrel	(ο) σκίουρος (skíouros)
fox	(η) αλεπού (alepoú)
leopard	(η) λεοπάρδαλη (leopárdali)
hippo	(ο) ιπποπόταμος (ippopótamos)
deer	(το) ελάφι (eláfi)
bat	(η) νυχτερίδα (nychterída)
raven	(το) κοράκι (koráki)
stork	(ο) πελαργός (pelargós)
swan	(ο) κύκνος (kýknos)
seagull	(ο) γλάρος (gláros)
owl	(η) κουκουβάγια (koukouvágia)
eagle	(ο) αετός (aetós)
penguin	(ο) πιγκουίνος (pinkouínos)

1051 - 1075

parrot	(ο) παπαγάλος (papagálos)
termite	(ο) τερμίτης (termítis)
moth	(ο) σκώρος (skóros)
caterpillar	(η) κάμπια (kámpia)
dragonfly	(η) λιβελούλα (liveloúla)
grasshopper	(η) ακρίδα (akrída)
squid	(το) καλαμάρι (kalamári)
octopus	(το) χταπόδι (chtapódi)
sea horse	(ο) ιππόκαμπος (ippókampos)
turtle	(η) χελώνα (chelóna)
shell	(το) κοχύλι (kochýli)
seal	(η) φώκια (fókia)
jellyfish	(η) μέδουσα (médousa)
crab	(ο) κάβουρας (kávouras)
dinosaur	(ο) δεινόσαυρος (deinósavros)
tortoise	(η) χελώνα (chelóna)
crocodile	(ο) κροκόδειλος (krokódeilos)
marathon	(ο) μαραθώνιος (marathónios)
triathlon	(το) τρίαθλο (tríathlo)
table tennis	(η) επιτραπέζια αντισφαίριση (epitrapézia antisfairisi)
weightlifting	(η) άρση βαρών (ársi varón)
boxing	(η) πυγμαχία (pygmachía)
badminton	(το) μπάντμιντον (bántminton)
figure skating	(το) καλλιτεχνικό πατινάζ (kallitechnikó patináz)
snowboarding	(η) χιονοσανίδα (chionosanída)

1076 - 1100

skiing	(το) **σκι** (ski)
cross-country skiing	(το) **σκι αντοχής** (ski antochís)
ice hockey	(το) **χόκεϊ επί πάγου** (chókeï epí págou)
volleyball	(η) **πετοσφαίριση** (petosfaírisi)
handball	(η) **χειροσφαίριση** (cheirosfaírisi)
beach volleyball	(το) **μπιτς βόλεϊ** (bits vóleï)
rugby	(το) **ράγκμπι** (ránkmpi)
cricket	(το) **κρίκετ** (kríket)
baseball	(το) **μπέιζμπολ** (béizmpol)
American football	(το) **αμερικάνικο ποδόσφαιρο** (amerikániko podósfairo)
water polo	(η) **υδατοσφαίριση** (ydatosfaírisi)
diving (into the water)	(οι) **καταδύσεις** (katadýseis)
surfing	(το) **σέρφινγκ** (sérfin'nk)
sailing	(η) **ιστιοπλοΐα** (istioploía)
rowing	(η) **κωπηλασία** (kopilasía)
car racing	(ο) **αγώνας αυτοκινήτων** (agónas aftokiníton)
rally racing	(το) **ράλι** (ráli)
motorcycle racing	(ο) **αγώνας μοτοσυκλέτας** (agónas motosyklétas)
yoga	(η) **γιόγκα** (giónka)
dancing	(ο) **χορός** (chorós)
mountaineering	(ο) **αλπινισμός** (alpinismós)
parachuting	(η) **πτώση με αλεξίπτωτο** (ptósi me alexíptoto)
skateboarding	(το) **σκέιτμπορντινγκ** (skéitmporntin'nk)
chess	(το) **σκάκι** (skáki)
poker	(το) **πόκερ** (póker)

1101 - 1125

climbing	(η) ορειβασία (oreivasía)
bowling	(το) μπόουλινγκ (bóoulin'nk)
billiards	(το) μπιλιάρδο (biliárdo)
ballet	(το) μπαλέτο (baléto)
warm-up	(το) ζέσταμα (zéstama)
stretching	(οι) διατάσεις (diatáseis)
sit-ups	(οι) κοιλιακοί (koiliakoí)
push-up	(το) πουσάπ (pousáp)
sauna	(η) σάουνα (sáouna)
exercise bike	(το) ποδήλατο γυμναστικής (podílato gymnastikís)
treadmill	(ο) διάδρομος (diádromos)
1001	χίλια ένα (chília éna)
1012	χίλια δώδεκα (chília dódeka)
1234	χίλια διακόσια τριάντα τέσσερα (chília diakósia triánta téssera)
2000	δύο χιλιάδες (dýo chiliádes)
2002	δύο χιλιάδες δύο (dýo chiliádes dýo)
2023	δύο χιλιάδες είκοσι τρία (dýo chiliádes eíkosi tría)
2345	δύο χιλιάδες τριακόσια σαράντα πέντε (dýo chiliádes triakósia saránta pénte)
3000	τρεις χιλιάδες (treis chiliádes)
3003	τρεις χιλιάδες τρία (treis chiliádes tría)
4000	τέσσερις χιλιάδες (tésseris chiliádes)
4045	τέσσερις χιλιάδες σαράντα πέντε (tésseris chiliádes saránta pénte)
5000	πέντε χιλιάδες (pénte chiliádes)
5678	πέντε χιλιάδες εξακόσια εβδομήντα οκτώ (pénte chiliádes exakósia evdomínta októ)
6000	έξι χιλιάδες (éxi chiliádes)

1126 - 1150

7000	επτά χιλιάδες (eptá chiliádes)
7890	επτά χιλιάδες οκτακόσια ενενήντα (eptá chiliádes oktakósia enenínta)
8000	οκτώ χιλιάδες (októ chiliádes)
8901	οκτώ χιλιάδες εννιακόσια ένα (októ chiliádes enniakósia éna)
9000	εννέα χιλιάδες (ennéa chiliádes)
9090	εννέα χιλιάδες ενενήντα (ennéa chiliádes enenínta)
10.001	δέκα χιλιάδες ένα (déka chiliádes éna)
20.020	είκοσι χιλιάδες είκοσι (eíkosi chiliádes eíkosi)
30.300	τριάντα χιλιάδες τριακόσια (triánta chiliádes triakósia)
44.000	σαράντα τέσσερις χιλιάδες (saránta tésseris chiliádes)
10.000.000	δέκα εκατομμύρια (déka ekatommýria)
100.000.000	εκατό εκατομμύρια (ekató ekatommýria)
1.000.000.000	ένα δισεκατομμύριο (éna disekatommýrio)
10.000.000.000	δέκα δισεκατομμύρια (déka disekatommýria)
100.000.000.000	εκατό δισεκατομμύρια (ekató disekatommýria)
1.000.000.000.000	ένα τρισεκατομμύριο (éna trisekatommýrio)
to gamble	στοιχηματίζω (stoichimatízo)
to gain weight	παίρνω βάρος (paírno város)
to lose weight	χάνω βάρος (cháno város)
to vomit	κάνω εμετό (káno emetó)
to shout	φωνάζω (fonázo)
to stare	κοιτάζω επίμονα (koitázo epímona)
to faint	λιποθυμώ (lipothymó)
to swallow	καταπίνω (katapíno)
to shiver	τρέμω (trémo)

1151 - 1175

to give a massage	κάνω μασάζ (káno masáz)
to climb	σκαρφαλώνω (skarfalóno)
to quote	παραθέτω (parathéto)
to print	εκτυπώνω (ektypóno)
to scan	σαρώνω (saróno)
to calculate	υπολογίζω (ypologízo)
to earn	κερδίζω (kerdízo)
to measure	μετράω (metráo)
to vacuum	σκουπίζω (skoupízo)
to dry	στεγνώνω (stegnóno)
to boil	βράζω (vrázo)
to fry	τηγανίζω (tiganízo)
elevator	(το) ασανσέρ (asansér)
balcony	(το) μπαλκόνι (balkóni)
floor	(το) πάτωμα (pátoma)
attic	(η) σοφίτα (sofíta)
front door	(η) εξώπορτα (exóporta)
corridor	(ο) διάδρομος (diádromos)
second basement floor	(το) δεύτερο υπόγειο (déftero ypógeio)
first basement floor	(το) πρώτο υπόγειο (próto ypógeio)
ground floor	(το) ισόγειο (isógeio)
first floor	(ο) πρώτος όροφος (prótos órofos)
fifth floor	(ο) πέμπτος όροφος (pémptos órofos)
chimney	(η) καμινάδα (kamináda)
fan	(ο) ανεμιστήρας (anemistíras)

1176 - 1200

air conditioner	(το) **κλιματιστικό** (klimatistikó)
coffee machine	(η) **καφετιέρα** (kafetiéra)
toaster	(η) **φρυγανιέρα** (fryganiéra)
vacuum cleaner	(η) **ηλεκτρική σκούπα** (ilektrikí skoúpa)
hairdryer	(το) **πιστολάκι μαλλιών** (pistoláki mallión)
kettle	(ο) **βραστήρας** (vrastíras)
dishwasher	(το) **πλυντήριο πιάτων** (plyntírio piáton)
cooker	(η) **κουζίνα** (kouzína)
oven	(ο) **φούρνος** (foúrnos)
microwave	(ο) **φούρνος μικροκυμάτων** (foúrnos mikrokymáton)
fridge	(το) **ψυγείο** (psygeío)
washing machine	(το) **πλυντήριο** (plyntírio)
heating	(η) **θέρμανση** (thérmansi)
remote control	(το) **τηλεχειριστήριο** (tilecheiristírio)
sponge	(το) **σφουγγάρι** (sfoungári)
wooden spoon	(η) **ξύλινη κουτάλα** (xýlini koutála)
chopstick	(το) **ξυλάκι** (xyláki)
cutlery	(τα) **μαχαιροπίρουνα** (machairopírouna)
spoon	(το) **κουτάλι** (koutáli)
fork	(το) **πιρούνι** (piroúni)
ladle	(η) **κουτάλα** (koutála)
pot	(η) **κατσαρόλα** (katsaróla)
pan	(το) **τηγάνι** (tigáni)
light bulb	(η) **λάμπα** (lámpa)
alarm clock	(το) **ξυπνητήρι** (xypnitíri)

1201 - 1225

safe (for money)	(το) **χρηματοκιβώτιο** (chrimatokivótio)
bookshelf	(το) **ράφι βιβλιοθήκης** (ráfi vivliothíkis)
curtain	(η) **κουρτίνα** (kourtína)
mattress	(το) **στρώμα** (stróma)
pillow	(το) **μαξιλάρι** (maxilári)
blanket	(η) **κουβέρτα** (kouvérta)
shelf	(το) **ράφι** (ráfi)
drawer	(το) **συρτάρι** (syrtári)
wardrobe	(η) **ντουλάπα** (ntoulápa)
bucket	(ο) **κουβάς** (kouvás)
broom	(η) **σκούπα** (skoúpa)
washing powder	(το) **απορρυπαντικό** (aporrypantikó)
scale	(η) **ζυγαριά** (zygariá)
laundry basket	(το) **καλάθι άπλυτων** (kaláthi áplyton)
bathtub	(η) **μπανιέρα** (baniéra)
bath towel	(η) **πετσέτα μπάνιου** (petséta bániou)
soap	(το) **σαπούνι** (sapoúni)
toilet paper	(το) **χαρτί υγείας** (chartí ygeías)
towel	(η) **πετσέτα** (petséta)
basin	(ο) **νιπτήρας** (niptíras)
stool	(το) **σκαμπό** (skampó)
light switch	(ο) **διακόπτης φωτός** (diakóptis fotós)
calendar	(το) **ημερολόγιο** (imerológio)
power outlet	(η) **πρίζα** (príza)
carpet	(το) **χαλί** (chalí)

1226 - 1250

saw	(το) πριόνι (prióni)
axe	(το) τσεκούρι (tsekoúri)
ladder	(η) σκάλα (skála)
hose	(η) μάνικα (mánika)
shovel	(το) φτυάρι (ftyári)
shed	(το) υπόστεγο (ypóstego)
pond	(η) λιμνούλα (limnoúla)
mailbox (for letters)	(το) γραμματοκιβώτιο (grammatokivótio)
fence	(η) περίφραξη (perífraxi)
deck chair	(η) ξαπλώστρα (xaplóstra)
ice cream	(το) παγωτό (pagotó)
cream (food)	(η) κρέμα (kréma)
butter	(το) βούτυρο (voútyro)
yoghurt	(το) γιαούρτι (giaoúrti)
fishbone	(το) ψαροκόκαλο (psarokókalo)
tuna	(ο) τόνος (tónos)
salmon	(ο) σολομός (solomós)
lean meat	(το) άπαχο κρέας (ápacho kréas)
fat meat	(το) λιπαρό κρέας (liparó kréas)
ham	(το) ζαμπόν (zampón)
salami	(το) σαλάμι (salámi)
bacon	(το) μπέικον (béikon)
steak	(η) μπριζόλα (brizóla)
sausage	(το) λουκάνικο (loukániko)
turkey	(η) γαλοπούλα (galopoúla)

1251 - 1275

chicken (meat)	(το) κοτόπουλο (kotópoulo)
beef	(το) βοδινό (vodinó)
pork	(το) χοιρινό (choirinó)
lamb	(το) αρνίσιο (arnísio)
pumpkin	(η) κολοκύθα (kolokýtha)
mushroom	(το) μανιτάρι (manitári)
truffle	(η) τρούφα (troúfa)
garlic	(το) σκόρδο (skórdo)
leek	(το) πράσο (práso)
ginger	(το) τζίντζερ (tzíntzer)
aubergine	(η) μελιτζάνα (melitzána)
sweet potato	(η) γλυκοπατάτα (glykopatáta)
carrot	(το) καρότο (karóto)
cucumber	(το) αγγούρι (angoúri)
chili	(το) τσίλι (tsíli)
pepper (vegetable)	(η) πιπεριά (piperiá)
onion	(το) κρεμμύδι (kremmýdi)
potato	(η) πατάτα (patáta)
cauliflower	(το) κουνουπίδι (kounoupídi)
cabbage	(το) λάχανο (láchano)
broccoli	(το) μπρόκολο (brókolo)
lettuce	(το) μαρούλι (maroúli)
spinach	(το) σπανάκι (spanáki)
bamboo (food)	(το) μπαμπού (bampoú)
corn	(το) καλαμπόκι (kalampóki)

1276 - 1300

celery	(το) σέλινο (sélino)
pea	(το) μπιζέλι (bizéli)
bean	(το) φασόλι (fasóli)
pear	(το) αχλάδι (achládi)
apple	(το) μήλο (mílo)
peel	(η) φλούδα (floúda)
pit	(το) κουκούτσι (koukoútsi)
olive	(η) ελιά (eliá)
date (food)	(ο) χουρμάς (chourmás)
fig	(το) σύκο (sýko)
coconut	(η) καρύδα (karýda)
almond	(το) αμύγδαλο (amýgdalo)
hazelnut	(το) φουντούκι (fountoúki)
peanut	(το) αράπικο φιστίκι (arápiko fistíki)
banana	(η) μπανάνα (banána)
mango	(το) μάνγκο (mán'nko)
kiwi	(το) ακτινίδιο (aktinídio)
avocado	(το) αβοκάντο (avokánto)
pineapple	(ο) ανανάς (ananás)
water melon	(το) καρπούζι (karpoúzi)
grape	(το) σταφύλι (stafýli)
sugar melon	(το) πεπόνι (pepóni)
raspberry	(το) σμέουρο (sméouro)
blueberry	(το) μύρτιλο (mýrtilo)
strawberry	(η) φράουλα (fráoula)

1301 - 1325

cherry	(το) **κεράσι** (kerási)
plum	(το) **δαμάσκηνο** (damáskino)
apricot	(το) **βερίκοκο** (veríkoko)
peach	(το) **ροδάκινο** (rodákino)
lemon	(το) **λεμόνι** (lemóni)
grapefruit	(το) **γκρέιπφρουτ** (nkréipfrout)
orange (food)	(το) **πορτοκάλι** (portokáli)
tomato	(η) **τομάτα** (tomáta)
mint	(η) **μέντα** (ménta)
lemongrass	(το) **μελισσόχορτο** (melissóchorto)
cinnamon	(η) **κανέλα** (kanéla)
vanilla	(η) **βανίλια** (vanília)
salt	(το) **αλάτι** (aláti)
pepper (spice)	(το) **πιπέρι** (pipéri)
curry	(το) **κάρι** (kári)
tobacco	(ο) **καπνός** (kapnós)
tofu	(το) **τόφου** (tófou)
vinegar	(το) **ξύδι** (xýdi)
noodle	(το) **νουντλ** (nountl)
soy milk	(το) **γάλα σόγιας** (gála sógias)
flour	(το) **αλεύρι** (alévri)
rice	(το) **ρύζι** (rýzi)
oat	(η) **βρώμη** (vrómi)
wheat	(το) **σιτάρι** (sitári)
soy	(η) **σόγια** (sógia)

1326 - 1350

nut	(ο) ξηρός καρπός (xirós karpós)
scrambled eggs	(η) ομελέτα (omeléta)
porridge	(ο) χυλός (chylós)
cereal	(τα) δημητριακά (dimitriaká)
honey	(το) μέλι (méli)
jam	(η) μαρμελάδα (marmeláda)
chewing gum	(η) τσίχλα (tsíchla)
apple pie	(η) μηλόπιτα (milópita)
waffle	(η) βάφλα (váfla)
pancake	(η) τηγανίτα (tiganíta)
cookie	(το) μπισκότο (biskóto)
pudding	(η) πουτίγκα (poutínka)
muffin	(το) μάφιν (máfin)
doughnut	(το) ντόνατ (ntónat)
energy drink	(το) ενεργειακό ποτό (energeiakó potó)
orange juice	(η) πορτοκαλάδα (portokaláda)
apple juice	(ο) χυμός μήλου (chymós mílou)
milkshake	(το) μιλκσέικ (milkséik)
coke	(η) κόκα κόλα (kóka kóla)
lemonade	(η) λεμονάδα (lemonáda)
hot chocolate	(η) ζεστή σοκολάτα (zestí sokoláta)
milk tea	(το) τσάι με γάλα (tsái me gála)
green tea	(το) πράσινο τσάι (prásino tsái)
black tea	(το) μαύρο τσάι (mávro tsái)
tap water	(το) νερό της βρύσης (neró tis vrýsis)

1351 - 1375

cocktail	(το) κοκτέιλ (koktéil)
champagne	(η) σαμπάνια (sampánia)
rum	(το) ρούμι (roúmi)
whiskey	(το) ουίσκι (ouíski)
vodka	(η) βότκα (vótka)
buffet	(ο) μπουφές (boufés)
tip	(το) φιλοδώρημα (filodórima)
menu	(το) μενού (menoú)
seafood	(τα) θαλασσινά (thalassiná)
snack	(το) σνακ (snak)
side dish	(το) συνοδευτικό (synodeftikó)
spaghetti	(τα) μακαρόνια (makarónia)
roast chicken	(το) ψητό κοτόπουλο (psitó kotópoulo)
potato salad	(η) πατατοσαλάτα (patatosaláta)
mustard	(η) μουστάρδα (moustárda)
sushi	(το) σούσι (soúsi)
popcorn	(τα) ποπκόρν (popkórn)
nachos	(τα) νάτσος (nátsos)
chips	(τα) πατατάκια (patatákia)
French fries	(οι) τηγανητές πατάτες (tiganités patátes)
chicken wings	(οι) φτερούγες κοτόπουλου (fteroúges kotópoulou)
mayonnaise	(η) μαγιονέζα (magionéza)
tomato sauce	(η) σάλτσα ντομάτας (sáltsa ntomátas)
sandwich	(το) σάντουιτς (sántouits)
hot dog	(το) χοτ ντογκ (chot ntonk)

1376 - 1400

burger	(το) μπέργκερ (bérnker)
booking	(η) κράτηση (krátisi)
hostel	(ο) ξενώνας (xenónas)
visa	(η) βίζα (víza)
passport	(το) διαβατήριο (diavatírio)
diary	(το) ημερολόγιο (imerológio)
postcard	(η) καρτ ποστάλ (kart postál)
backpack	(το) σακίδιο (sakídio)
campfire	(η) υπαίθρια φωτιά (ypaíthria fotiá)
sleeping bag	(ο) υπνόσακος (ypnósakos)
tent	(η) σκηνή (skiní)
camping	(η) κατασκήνωση (kataskínosi)
membership	(η) ιδιότητα μέλους (idiótita mélous)
reservation	(η) κράτηση (krátisi)
dorm room	(το) δωμάτιο κοιτώνα (domátio koitóna)
double room	(το) δίκλινο δωμάτιο (díklino domátio)
single room	(το) μονόκλινο δωμάτιο (monóklino domátio)
luggage	(οι) αποσκευές (aposkevés)
lobby	(η) αίθουσα αναμονής (aíthousa anamonís)
decade	(η) δεκαετία (dekaetía)
century	(ο) αιώνας (aiónas)
millennium	(η) χιλιετία (chilietía)
Thanksgiving	(η) Ημέρα των ευχαριστιών (Iméra ton efcharistión)
Halloween	(το) Χάλοουιν (Cháloouin)
Ramadan	(το) Ραμαζάνι (Ramazáni)

1401 - 1425

grandchild	(το) εγγόνι (engóni)
siblings	(τα) αδέρφια (adérfia)
mother-in-law	(η) πεθερά (petherá)
father-in-law	(ο) πεθερός (petherós)
granddaughter	(η) εγγονή (engoní)
grandson	(ο) εγγονός (engonós)
son-in-law	(ο) γαμπρός (gamprós)
daughter-in-law	(η) νύφη (nýfi)
nephew	(ο) ανιψιός (anipsiós)
niece	(η) ανιψιά (anipsiá)
cousin (female)	(η) ξαδέρφη (xadérfi)
cousin (male)	(ο) ξάδερφος (xáderfos)
cemetery	(το) νεκροταφείο (nekrotafeío)
gender	(το) φύλο (fýlo)
urn	(η) τεφροδόχος (tefrodóchos)
orphan	(το) ορφανό (orfanó)
corpse	(το) πτώμα (ptóma)
coffin	(το) φέρετρο (féretro)
retirement	(η) συνταξιοδότηση (syntaxiodótisi)
funeral	(η) κηδεία (kideía)
honeymoon	(ο) μήνας του μέλιτος (mínas tou mélitos)
wedding ring	(η) βέρα (véra)
lovesickness	(ο) ερωτικός καημός (erotikós kaimós)
vocational training	(η) επαγγελματική κατάρτιση (epangelmatikí katártisi)
high school	(το) λύκειο (lýkeio)

1426 - 1450

junior school	(το) δημοτικό σχολείο (dimotikó scholeío)
twins	(τα) δίδυμα (dídyma)
primary school	(το) δημοτικό σχολείο (dimotikó scholeío)
kindergarten	(το) νηπιαγωγείο (nipiagogeío)
birth	(η) γέννηση (génnisi)
birth certificate	(το) πιστοποιητικό γέννησης (pistopoiitikó génnisis)
hand brake	(το) χειρόφρενο (cheirófreno)
battery	(η) μπαταρία (bataría)
motor	(η) μηχανή (michaní)
windscreen wiper	(ο) υαλοκαθαριστήρας (yalokatharistíras)
GPS	(το) GPS (GPS)
airbag	(ο) αερόσακος (aerósakos)
horn	(η) κόρνα (kórna)
clutch	(ο) συμπλέκτης (sympléktis)
brake	(το) φρένο (fréno)
throttle	(το) γκάζι (nkázi)
steering wheel	(το) τιμόνι (timóni)
petrol	(η) βενζίνη (venzíni)
diesel	(το) ντίζελ (ntízel)
seatbelt	(η) ζώνη ασφαλείας (zóni asfaleías)
bonnet	(το) καπό (kapó)
tyre	(το) λάστιχο (lásticho)
rear trunk	(το) πορτ-μπαγκάζ (port-bankáz)
railtrack	(οι) γραμμές τρένου (grammés trénou)
ticket vending machine	(ο) αυτόματος πωλητής εισιτηρίων (aftómatos politís eisitiríon)

1451 - 1475

ticket office	(το) **εκδοτήριο εισιτηρίων** (ekdotírio eisitiríon)
subway	(το) **μετρό** (metró)
high-speed train	(το) **τρένο υψηλής ταχύτητας** (tréno ypsilís tachýtitas)
locomotive	(η) **μηχανή τρένου** (michaní trénou)
platform	(η) **αποβάθρα** (apováthra)
tram	(το) **τραμ** (tram)
school bus	(το) **σχολικό λεωφορείο** (scholikó leoforeío)
minibus	(το) **μίνι λεωφορείο** (míni leoforeío)
fare	(ο) **ναύλος** (návlos)
timetable	(το) **χρονοδιάγραμμα** (chronodiágramma)
airport	(το) **αεροδρόμιο** (aerodrómio)
departure	(η) **αναχώρηση** (anachórisi)
arrival	(η) **άφιξη** (áfixi)
customs	(το) **τελωνείο** (teloneío)
airline	(η) **αεροπορική εταιρεία** (aeroporikí etaireía)
helicopter	(το) **ελικόπτερο** (elikóptero)
check-in desk	(το) **γραφείο check-in** (grafeío check-in)
carry-on luggage	(η) **χειραποσκευή** (cheiraposkeví)
first class	(η) **πρώτη θέση** (próti thési)
economy class	(η) **οικονομική θέση** (oikonomikí thési)
business class	(η) **διακεκριμένη θέση** (diakekriméni thési)
emergency exit (on plane)	(η) **έξοδος κινδύνου** (éxodos kindýnou)
aisle	(ο) **διάδρομος** (diádromos)
window (in plane)	(το) **παράθυρο** (paráthyro)
row	(η) **σειρά** (seirá)

1476 - 1500

wing	(το) φτερό (fteró)
engine	(ο) κινητήρας (kinitíras)
cockpit	(το) πιλοτήριο (pilotírio)
life jacket	(το) σωσίβιο γιλέκο (sosívio giléko)
container	(το) κοντέινερ (kontéiner)
submarine	(το) υποβρύχιο (ypovrýchio)
cruise ship	(το) κρουαζιερόπλοιο (krouazieróploio)
container ship	(το) φορτηγό πλοίο (fortigó ploío)
yacht	(το) γιοτ (giot)
ferry	(το) πορθμείο (porthmeío)
harbour	(το) λιμάνι (limáni)
lifeboat	(η) σωσίβια λέμβος (sosívia lémvos)
radar	(το) ραντάρ (rantár)
anchor	(η) άγκυρα (ánkyra)
life buoy	(το) σωσίβιο (sosívio)
street light	(ο) οδικός φωτισμός (odikós fotismós)
pavement	(το) πεζοδρόμιο (pezodrómio)
petrol station	(το) βενζινάδικο (venzinádiko)
construction site	(το) εργοτάξιο (ergotáxio)
speed limit	(το) όριο ταχύτητας (όrio tachýtitas)
pedestrian crossing	(η) διάβαση πεζών (diávasi pezón)
one-way street	(ο) μονόδρομος (monódromos)
toll	(τα) διόδια (diódia)
intersection	(η) διασταύρωση (diastávrosi)
traffic jam	(το) μποτιλιάρισμα (botiliárisma)

1501 - 1525

motorway	(ο) αυτοκινητόδρομος (aftokinitódromos)
tank	(το) άρμα μάχης (árma máchis)
road roller	(ο) οδοστρωτήρας (odostrotíras)
excavator	(ο) εκσκαφέας (ekskaféas)
tractor	(το) τρακτέρ (traktér)
air pump	(η) τρόμπα (trómpa)
chain	(η) αλυσίδα (alysída)
jack	(ο) γρύλος (grýlos)
trailer	(το) τρέιλερ (tréiler)
motor scooter	(το) σκούτερ (skoúter)
cable car	(το) τελεφερίκ (teleferík)
guitar	(η) κιθάρα (kithára)
drums	(τα) ντραμς (ntrams)
keyboard (music)	(τα) πλήκτρα (plíktra)
trumpet	(η) τρομπέτα (trompéta)
piano	(το) πιάνο (piáno)
saxophone	(το) σαξόφωνο (saxófono)
violin	(το) βιολί (violí)
concert	(η) συναυλία (synavlía)
note (music)	(η) νότα (nóta)
opera	(η) όπερα (ópera)
orchestra	(η) ορχήστρα (orchístra)
rap	(η) ραπ (rap)
classical music	(η) κλασσική μουσική (klassikí mousikí)
folk music	(η) παραδοσιακή μουσική (paradosiakí mousikí)

1526 - 1550

rock (music)	(το) ροκ (rok)
pop	(η) ποπ (pop)
jazz	(η) τζαζ (tzaz)
theatre	(το) θέατρο (théatro)
brush (to paint)	(το) πινέλο (pinélo)
samba	(η) σάμπα (sámpa)
rock 'n' roll	(το) ροκ εντ ρολ (rok ent rol)
Viennese waltz	(το) Βιεννέζικο βαλς (Viennéziko vals)
tango	(το) ταγκό (tankó)
salsa	(η) σάλσα (sálsa)
alphabet	(το) αλφάβητο (alfávito)
novel	(το) μυθιστόρημα (mythistórima)
text	(το) κείμενο (keímeno)
heading	(η) επικεφαλίδα (epikefalída)
character	(ο) χαρακτήρας (charaktíras)
letter (like a, b, c)	(το) γράμμα (grámma)
content	(το) περιεχόμενο (periechómeno)
photo album	(το) άλμπουμ φωτογραφιών (álmpoum fotografión)
comic book	(το) βιβλίο κόμικ (vivlío kómik)
sports ground	(ο) αθλητικός χώρος (athlitikós chóros)
dictionary	(το) λεξικό (lexikó)
term	(το) εξάμηνο (exámino)
notebook	(το) σημειωματάριο (simeiomatário)
blackboard	(ο) μαυροπίνακας (mavropínakas)
schoolbag	(η) σχολική τσάντα (scholikí tsánta)

1551 - 1575

school uniform	(η) σχολική στολή (scholikí stolí)
geometry	(η) γεωμετρία (geometría)
politics	(η) πολιτική (politikí)
philosophy	(η) φιλοσοφία (filosofía)
economics	(τα) οικονομικά (oikonomiká)
physical education	(η) γυμναστική (gymnastikí)
biology	(η) βιολογία (viología)
mathematics	(τα) μαθηματικά (mathimatiká)
geography	(η) γεωγραφία (geografía)
literature	(η) λογοτεχνία (logotechnía)
Arabic	(τα) Αραβικά (Araviká)
German	(τα) Γερμανικά (Germaniká)
Japanese	(τα) Ιαπωνικά (Iaponiká)
Mandarin	(τα) Κινέζικα (Kinézika)
Spanish	(τα) Ισπανικά (Ispaniká)
chemistry	(η) χημεία (chimeía)
physics	(η) φυσική (fysikí)
ruler	(ο) χάρακας (chárakas)
rubber	(η) σβήστρα (svístra)
scissors	(το) ψαλίδι (psalídi)
adhesive tape	(η) κολλητική ταινία (kollitikí tainía)
glue	(η) κόλλα (kólla)
ball pen	(το) στυλό διάρκειας (styló diárkeias)
paperclip	(ο) συνδετήρας (syndetíras)
100%	εκατό τοις εκατό (ekató tois ekató)

1576 - 1600

0%	μηδέν τοις εκατό (midén tois ekató)
cubic meter	(το) κυβικό μέτρο (kyvikó métro)
square meter	(το) τετραγωνικό μέτρο (tetragonikó métro)
mile	(το) μίλι (míli)
meter	(το) μέτρο (métro)
decimeter	(το) δέκατο (dékato)
centimeter	(το) εκατοστό (ekatostó)
millimeter	(το) χιλιοστό (chiliostó)
addition	(η) πρόσθεση (prósthesi)
subtraction	(η) αφαίρεση (afaíresi)
multiplication	(ο) πολλαπλασιασμός (pollaplasiasmós)
division	(η) διαίρεση (diaíresi)
fraction	(το) κλάσμα (klásma)
sphere	(η) σφαίρα (sfaíra)
width	(το) πλάτος (plátos)
height	(το) ύψος (ýpsos)
volume	(ο) όγκος (ónkos)
curve	(η) καμπύλη (kampýli)
angle	(η) γωνία (gonía)
straight line	(η) ευθεία (eftheía)
pyramid	(η) πυραμίδα (pyramída)
cube	(ο) κύβος (kývos)
rectangle	(το) ορθογώνιο (orthogónio)
triangle	(το) τρίγωνο (trígono)
radius	(η) ακτίνα (aktína)

1601 - 1625

watt	(το) βατ (vat)
ampere	(το) αμπέρ (ampér)
volt	(το) βολτ (volt)
force	(η) δύναμη (dýnami)
liter	(το) λίτρο (lítro)
milliliter	(το) χιλιοστόλιτρο (chiliostólitro)
ton	(ο) τόνος (tónos)
kilogram	(το) κιλό (kiló)
gram	(το) γραμμάριο (grammário)
magnet	(ο) μαγνήτης (magnítis)
microscope	(το) μικροσκόπιο (mikroskópio)
funnel	(το) χωνί (choní)
laboratory	(το) εργαστήριο (ergastírio)
canteen	(η) καντίνα (kantína)
lecture	(η) διάλεξη (diálexi)
scholarship	(η) υποτροφία (ypotrofía)
diploma	(το) δίπλωμα (díploma)
lecture theatre	(το) αμφιθέατρο (amfithéatro)
3.4	τρία κόμμα τέσσερα (tría kómma téssera)
3 to the power of 5	τρία εις την πέμπτη (tría eis tin pémpti)
4 / 2	τέσσερα διά δύο (téssera diá dýo)
1 + 1 = 2	ένα και ένα κάνει δύο (éna kai éna kánei dýo)
full stop	(η) τελεία (teleía)
6^3	έξι στον κύβο (éxi ston kývo)
4^2	τέσσερα στο τετράγωνο (téssera sto tetrágono)

1626 - 1650

contact@pinhok.com	contact παπάκι pinhok τελεία com (contact papáki pinhok teleía com)
&	και (kai)
/	(η) κάθετος (káthetos)
()	(η) παρένθεση (parénthesi)
semicolon	(η) άνω τελεία (áno teleía)
comma	(το) κόμμα (kómma)
colon	(η) άνω κάτω τελεία (áno káto teleía)
www.pinhok.com	www τελεία pinhok τελεία com (www teleía pinhok teleía com)
underscore	(η) κάτω παύλα (káto pávla)
hyphen	(η) παύλα (pávla)
3 - 2	τρία μείον δύο (tría meíon dýo)
apostrophe	(η) απόστροφος (apóstrofos)
2 x 3	δύο επί τρία (dýo epí tría)
1 + 2	ένα συν δύο (éna syn dýo)
exclamation mark	(το) θαυμαστικό (thavmastikó)
question mark	(το) ερωτηματικό (erotimatikó)
space	(το) κενό (kenó)
soil	(το) χώμα (chóma)
lava	(η) λάβα (láva)
coal	(το) κάρβουνο (kárvouno)
sand	(η) άμμος (ámmos)
clay	(ο) πηλός (pilós)
rocket	(η) ρουκέτα (roukéta)
satellite	(ο) δορυφόρος (doryfóros)
galaxy	(ο) γαλαξίας (galaxías)

1651 - 1675

asteroid	(ο) αστεροειδής (asteroeidís)
continent	(η) ήπειρος (ípeiros)
equator	(ο) ισημερινός (isimerinós)
South Pole	(ο) νότιος πόλος (nótios pólos)
North Pole	(ο) βόρειος πόλος (vóreios pólos)
stream	(το) ρυάκι (ryáki)
rainforest	(το) τροπικό δάσος (tropikó dásos)
cave	(το) σπήλαιο (spílaio)
waterfall	(ο) καταρράκτης (katarráktis)
shore	(η) ακτή (aktí)
glacier	(ο) παγετώνας (pagetónas)
earthquake	(ο) σεισμός (seismós)
crater	(ο) κρατήρας (kratíras)
volcano	(το) ηφαίστειο (ifaísteio)
canyon	(το) φαράγγι (farángi)
atmosphere	(η) ατμόσφαιρα (atmósfaira)
pole	(ο) πόλος (pólos)
12 °C	δώδεκα βαθμοί κελσίου (dódeka vathmoí kelsíou)
0 °C	μηδέν βαθμοί κελσίου (midén vathmoí kelsíou)
-2 °C	μείον δύο βαθμοί κελσίου (meíon dýo vathmoí kelsíou)
Fahrenheit	(ο) βαθμός Φαρενάιτ (vathmós Farenáit)
centigrade	(ο) βαθμός κελσίου (vathmós kelsíou)
tornado	(ο) ανεμοστρόβιλος (anemostróvilos)
flood	(η) πλημμύρα (plimmýra)
fog	(η) ομίχλη (omíchli)

1676 - 1700

rainbow	(το) **ουράνιο τόξο** (ouránio tóxo)
thunder	(η) **βροντή** (vrontí)
lightning	(η) **αστραπή** (astrapí)
thunderstorm	(η) **καταιγίδα** (kataigída)
temperature	(η) **θερμοκρασία** (thermokrasía)
typhoon	(ο) **τυφώνας** (tyfónas)
hurricane	(ο) **τυφώνας** (tyfónas)
cloud	(το) **σύννεφο** (sýnnefo)
sunshine	(η) **λιακάδα** (liakáda)
bamboo (plant)	(το) **μπαμπού** (bampoú)
palm tree	(ο) **φοίνικας** (foínikas)
branch	(το) **κλαδί** (kladí)
leaf	(το) **φύλλο** (fýllo)
root	(η) **ρίζα** (ríza)
trunk	(ο) **κορμός** (kormós)
cactus	(ο) **κάκτος** (káktos)
sunflower	(ο) **ηλίανθος** (ilíanthos)
seed	(ο) **σπόρος** (spóros)
blossom	(το) **άνθος** (ánthos)
stalk	(το) **κοτσάνι** (kotsáni)
plastic	(το) **πλαστικό** (plastikó)
carbon dioxide	(το) **διοξείδιο του άνθρακα** (dioxeídio tou ánthraka)
solid	(το) **στερεό** (stereó)
fluid	(το) **υγρό** (ygró)
atom	(το) **άτομο** (átomo)

1701 - 1725

iron	(ο) σίδηρος (sídiros)
oxygen	(το) οξυγόνο (oxygóno)
flip-flops	(οι) σαγιονάρες (sagionáres)
leather shoes	(τα) δερμάτινα παπούτσια (dermátina papoútsia)
high heels	(τα) ψηλοτάκουνα (psilotákouna)
trainers	(τα) αθλητικά παπούτσια (athlitiká papoútsia)
raincoat	(το) αδιάβροχο (adiávrocho)
jeans	(το) τζιν παντελονι (tzin panteloni)
skirt	(η) φούστα (foústa)
shorts	(το) σορτς (sorts)
pantyhose	(το) καλσόν (kalsón)
thong	(το) στρινγκ (strin'nk)
panties	(η) κιλότα (kilóta)
crown	(το) στέμμα (stémma)
tattoo	(το) τατουάζ (tatouáz)
sunglasses	(τα) γυαλιά ηλίου (gyaliá ilíou)
umbrella	(η) ομπρέλα (ompréla)
earring	(το) σκουλαρίκι (skoularíki)
necklace	(το) κολιέ (kolié)
baseball cap	(το) καπέλο μπέιζμπολ (kapélo béizmpol)
belt	(η) ζώνη (zóni)
tie	(η) γραβάτα (graváta)
knit cap	(το) πλεκτό καπέλο (plektó kapélo)
scarf	(το) κασκόλ (kaskól)
glove	(το) γάντι (gánti)

1726 - 1750

swimsuit	(το) ολόσωμο μαγιό (olósomo magió)
bikini	(το) μπικίνι (bikíni)
swim trunks	(το) μαγιό (magió)
swim goggles	(τα) γυαλιά κολύμβησης (gyaliá kolýmvisis)
barrette	(το) κλιπ μαλλιών (klip mallión)
brunette	(ο) μελαχρινός (melachrinós)
blond	(ο) ξανθός (xanthós)
bald head	(το) φαλακρό κεφάλι (falakró kefáli)
straight (hair)	(τα) ίσια (ísia)
curly	(τα) κατσαρά (katsará)
button	(το) κουμπί (koumpí)
zipper	(το) φερμουάρ (fermouár)
sleeve	(το) μανίκι (maníki)
collar	(ο) γιακάς (giakás)
polyester	(ο) πολυεστέρας (polyestéras)
silk	(το) μετάξι (metáxi)
cotton	(το) βαμβάκι (vamváki)
wool	(το) μαλλί (mallí)
changing room	(το) δοκιμαστήριο (dokimastírio)
face mask	(η) μάσκα προσώπου (máska prosópou)
perfume	(το) άρωμα (ároma)
tampon	(το) ταμπόν (tampón)
nail scissors	(το) ψαλίδι νυχιών (psalídi nychión)
nail clipper	(ο) νυχοκόπτης (nychokóptis)
hair gel	(το) ζελέ μαλλιών (zelé mallión)

1751 - 1775

shower gel	(το) αφρόλουτρο (afróloutro)
condom	(το) προφυλακτικό (profylaktikó)
shaver	(η) ξυριστική μηχανή (xyristikí michaní)
razor	(το) ξυράφι (xyráfi)
sunscreen	(το) αντηλιακό (antiliakó)
face cream	(η) κρέμα προσώπου (kréma prosópou)
brush (for cleaning)	(η) βούρτσα (voúrtsa)
nail polish	(το) βερνίκι νυχιών (verníki nychión)
lip gloss	(το) λιπ γκλος (lip nklos)
nail file	(η) λίμα νυχιών (líma nychión)
foundation	(η) βάση μέικαπ (vási méikap)
mascara	(η) μάσκαρα (máskara)
eye shadow	(η) σκιά ματιών (skiá matión)
warranty	(η) εγγύηση (engýisi)
bargain	(η) ευκαιρία (efkairía)
cash register	(η) ταμειακή μηχανή (tameiakí michaní)
basket	(το) καλάθι (kaláthi)
shopping mall	(το) εμπορικό κέντρο (emporikó kéntro)
pharmacy	(το) φαρμακείο (farmakeío)
skyscraper	(ο) ουρανοξύστης (ouranoxýstis)
castle	(το) κάστρο (kástro)
embassy	(η) πρεσβεία (presveía)
synagogue	(η) συναγωγή (synagogí)
temple	(ο) ναός (naós)
factory	(το) εργοστάσιο (ergostásio)

1776 - 1800

mosque	(το) **τζαμί** (tzamí)
town hall	(το) **δημαρχείο** (dimarcheío)
post office	(το) **ταχυδρομείο** (tachydromeío)
fountain	(το) **σιντριβάνι** (sintriváni)
night club	(το) **νυχτερινό κέντρο** (nychterinó kéntro)
bench	(το) **παγκάκι** (pankáki)
golf course	(το) **γήπεδο γκολφ** (gípedo nkolf)
football stadium	(το) **γήπεδο ποδοσφαίρου** (gípedo podosfaírou)
swimming pool (building)	(η) **πισίνα** (pisína)
tennis court	(το) **γήπεδο τένις** (gípedo ténis)
tourist information	(οι) **τουριστικές πληροφορίες** (touristikés pliroforíes)
casino	(το) **καζίνο** (kazíno)
art gallery	(η) **γκαλερί τέχνης** (nkalerí téchnis)
museum	(το) **μουσείο** (mouseío)
national park	(το) **εθνικό πάρκο** (ethnikó párko)
tourist guide	(ο) **τουριστικός οδηγός** (touristikós odigós)
souvenir	(το) **σουβενίρ** (souvenír)
alley	(το) **δρομάκι** (dromáki)
dam	(το) **φράγμα** (frágma)
steel	(το) **ατσάλι** (atsáli)
crane	(ο) **γερανός** (geranós)
concrete	(το) **σκυρόδεμα** (skyródema)
scaffolding	(η) **σκαλωσιά** (skalosiá)
brick	(το) **τούβλο** (toúvlo)
paint	(η) **μπογιά** (bogiá)

1801 - 1825

nail	(το) **καρφί** (karfí)
screwdriver	(το) **κατσαβίδι** (katsavídi)
tape measure	(η) **μετροταινία** (metrotainía)
pincers	(η) **τανάλια** (tanália)
hammer	(το) **σφυρί** (sfyrí)
drilling machine	(το) **τρυπάνι** (trypáni)
aquarium	(το) **ενυδρείο** (enydreío)
water slide	(οι) **νεροτσουλήθρες** (nerotsoulíthres)
roller coaster	(το) **τρενάκι του λούνα παρκ** (trenáki tou loúna park)
water park	(το) **υδάτινο πάρκο** (ydátino párko)
zoo	(ο) **ζωολογικός κήπος** (zoologikós kípos)
playground	(η) **παιδική χαρά** (paidikí chará)
slide	(η) **τσουλήθρα** (tsoulíthra)
swing	(η) **κούνια** (koúnia)
sandbox	(το) **αμμοδοχείο** (ammodocheío)
helmet	(το) **κράνος** (krános)
uniform	(η) **στολή** (stolí)
fire (emergency)	(η) **φωτιά** (fotiá)
emergency exit (in building)	(η) **έξοδος κινδύνου** (éxodos kindýnou)
fire alarm	(ο) **συναγερμός πυρκαγιάς** (synagermós pyrkagiás)
fire extinguisher	(ο) **πυροσβεστήρας** (pyrosvestíras)
police station	(το) **αστυνομικό τμήμα** (astynomikó tmíma)
state	(η) **πολιτεία** (politeía)
region	(η) **περιοχή** (periochí)
capital	(η) **πρωτεύουσα** (protévousa)

1826 - 1850

visitor	(ο) **επισκέπτης** (episképtis)
emergency room	(το) **δωμάτιο έκτακτης ανάγκης** (domátio éktaktis anánkis)
intensive care unit	(η) **μονάδα εντατικής θεραπείας** (monáda entatikís therapeías)
outpatient	(ο) **εξωτερικός ασθενής** (exoterikós asthenís)
waiting room	(η) **αίθουσα αναμονής** (aíthousa anamonís)
aspirin	(η) **ασπιρίνη** (aspiríni)
sleeping pill	(το) **υπνωτικό χάπι** (ypnotikó chápi)
expiry date	(η) **ημερομηνία λήξης** (imerominía líxis)
dosage	(η) **δοσολογία** (dosología)
cough syrup	(το) **σιρόπι για το βήχα** (sirópi gia to vícha)
side effect	(η) **παρενέργεια** (parenérgeia)
insulin	(η) **ινσουλίνη** (insoulíni)
powder	(η) **σκόνη** (skóni)
capsule	(η) **κάψουλα** (kápsoula)
vitamin	(η) **βιταμίνη** (vitamíni)
infusion	(ο) **ορός** (orós)
painkiller	(το) **παυσίπονο** (pafsípono)
antibiotics	(τα) **αντιβιοτικά** (antiviotiká)
inhaler	(ο) **εισπνευστήρας** (eispnefstíras)
bacterium	(το) **βακτήριο** (vaktírio)
virus	(ο) **ιός** (iós)
heart attack	(το) **έμφραγμα** (émfragma)
diarrhea	(η) **διάρροια** (diárroia)
diabetes	(ο) **διαβήτης** (diavítis)
stroke	(το) **εγκεφαλικό** (enkefalikó)

1851 - 1875

asthma	(το) άσθμα (ásthma)
cancer	(ο) καρκίνος (karkínos)
nausea	(η) ναυτία (naftía)
flu	(η) γρίπη (grípi)
toothache	(ο) πονόδοντος (ponódontos)
sunburn	(το) ηλιακό έγκαυμα (iliakó énkavma)
poisoning	(η) δηλητηρίαση (dilitiríasi)
sore throat	(ο) πονόλαιμος (ponólaimos)
hay fever	(η) αλλεργική ρινίτιδα (allergikí rinítida)
stomach ache	(ο) στομαχόπονος (stomachóponos)
infection	(η) μόλυνση (mólynsi)
allergy	(η) αλλεργία (allergía)
cramp	(η) κράμπα (krámpa)
nosebleed	(η) ρινορραγία (rinorragía)
headache	(ο) πονοκέφαλος (ponokéfalos)
spray	(το) σπρέι (spréi)
syringe (tool)	(η) σύριγγα (sýringa)
needle	(η) βελόνα (velóna)
dental brace	(τα) σιδεράκια (siderákia)
crutch	(η) πατερίτσα (paterítsa)
X-ray photograph	(η) ακτινογραφία (aktinografía)
ultrasound machine	(η) μηχανή υπερήχων (michaní yperíchon)
plaster	(ο) γύψος (gýpsos)
bandage	(ο) επίδεσμος (epídesmos)
wheelchair	(το) αναπηρικό καροτσάκι (anapirikó karotsáki)

1876 - 1900

blood test	(η) εξέταση αίματος (exétasi aímatos)
cast	(ο) γύψος (gýpsos)
fever thermometer	(το) θερμόμετρο (thermómetro)
pulse	(ο) σφυγμός (sfygmós)
injury	(ο) τραυματισμός (travmatismós)
emergency	(η) έκτακτη ανάγκη (éktakti anánki)
concussion	(η) διάσειση (diáseisi)
suture	(το) ράμμα (rámma)
burn	(το) έγκαυμα (énkavma)
fracture	(το) κάταγμα (kátagma)
meditation	(ο) διαλογισμός (dialogismós)
massage	(το) μασάζ (masáz)
birth control pill	(το) αντισυλληπτικό χάπι (antisylliptikó chápi)
pregnancy test	(το) τεστ εγκυμοσύνης (test enkymosýnis)
tax	(ο) φόρος (fóros)
meeting room	(η) αίθουσα συνεδριάσεων (aíthousa synedriáseon)
business card	(η) επαγγελματική κάρτα (epangelmatikí kárta)
IT	(η) πληροφορική (pliroforikí)
human resources	(το) ανθρώπινο δυναμικό (anthrópino dynamikó)
legal department	(το) νομικό τμήμα (nomikó tmíma)
accounting	(η) λογιστική (logistikí)
marketing	(το) μάρκετινγκ (márketin'nk)
sales	(οι) πωλήσεις (políseis)
colleague	(ο/η) συνάδελφος (synádelfos)
employer	(ο/η) εργοδότης (ergodótis)

1901 - 1925

employee	(ο/η) υπάλληλος (ypállilos)
note (information)	(η) σημείωση (simeíosi)
presentation	(η) παρουσίαση (parousíasi)
folder (physical)	(το) ντοσιέ (ntosié)
rubber stamp	(η) λαστιχένια σφραγίδα (lastichénia sfragída)
projector	(ο) προβολέας (provoléas)
text message	(το) γραπτό μήνυμα (graptó mínyma)
parcel	(το) πακέτο (pakéto)
stamp	(το) γραμματόσημο (grammatósimo)
envelope	(ο) φάκελος (fákelos)
prime minister	(ο) πρωθυπουργός (prothypourgós)
pharmacist	(ο) φαρμακοποιός (farmakopoiós)
firefighter	(ο) πυροσβέστης (pyrosvéstis)
dentist	(ο) οδοντίατρος (odontíatros)
entrepreneur	(ο) επιχειρηματίας (epicheirimatías)
politician	(ο) πολιτικός (politikós)
programmer	(ο) προγραμματιστής (programmatistís)
stewardess	(ο) αεροσυνοδός (aerosynodós)
scientist	(ο) επιστήμονας (epistímonas)
kindergarten teacher	(ο) νηπιαγωγός (nipiagogós)
architect	(ο) αρχιτέκτονας (architéktonas)
accountant	(ο) λογιστής (logistís)
consultant	(ο) σύμβουλος (sýmvoulos)
prosecutor	(ο) εισαγγελέας (eisangeléas)
general manager	(ο) γενικός διευθυντής (genikós diefthyntís)

1926 - 1950

bodyguard	(ο) σωματοφύλακας (somatofýlakas)
landlord	(ο) σπιτονοικοκύρης (spitonoikokýris)
conductor	(ο) εισπράκτορας (eispráktoras)
waiter	(ο) σερβιτόρος (servitóros)
security guard	(ο) φύλακας (fýlakas)
soldier	(ο) στρατιώτης (stratiótis)
fisherman	(ο) ψαράς (psarás)
cleaner	(ο) καθαριστής (katharistís)
plumber	(ο) υδραυλικός (ydravlikós)
electrician	(ο) ηλεκτρολόγος (ilektrológos)
farmer	(ο) αγρότης (agrótis)
receptionist	(ο) υπεύθυνος υποδοχής (ypéfthynos ypodochís)
postman	(ο) ταχυδρόμος (tachydrómos)
cashier	(ο) ταμίας (tamías)
hairdresser	(ο) κομμωτής (kommotís)
author	(ο) συγγραφέας (syngraféas)
journalist	(ο) δημοσιογράφος (dimosiográfos)
photographer	(ο) φωτογράφος (fotográfos)
thief	(ο) κλέφτης (kléftis)
lifeguard	(ο) ναυαγοσώστης (navagosóstis)
singer	(ο) τραγουδιστής (tragoudistís)
musician	(ο) μουσικός (mousikós)
actor	(ο) ηθοποιός (ithopoiós)
reporter	(ο) δημοσιογράφος (dimosiográfos)
coach (sport)	(ο) προπονητής (proponitís)

1951 - 1975

referee	(ο) διαιτητής (diaititís)
folder (computer)	(ο) φάκελος (fákelos)
browser	(το) πρόγραμμα περιήγησης (prógramma periígisis)
network	(το) δίκτυο (díktyo)
smartphone	(το) έξυπνο κινητό (éxypno kinitó)
earphone	(το) ακουστικό (akoustikó)
mouse (computer)	(το) ποντίκι (pontíki)
keyboard (computer)	(το) πληκτρολόγιο (pliktrológio)
hard drive	(ο) σκληρός δίσκος (sklirós dískos)
USB stick	(το) στικάκι USB (stikáki USB)
scanner	(ο) σαρωτής (sarotís)
printer	(ο) εκτυπωτής (ektypotís)
screen (computer)	(η) οθόνη (othóni)
laptop	(ο) φορητός υπολογιστής (foritós ypologistís)
fingerprint	(το) δακτυλικό αποτύπωμα (daktylikó apotýpoma)
suspect	(ο) ύποπτος (ýpoptos)
defendant	(ο) εναγόμενος (enagómenos)
investment	(η) επένδυση (epéndysi)
stock exchange	(το) χρηματιστήριο (chrimatistírio)
share	(η) μετοχή (metochí)
dividend	(το) μέρισμα (mérisma)
pound	(η) λίρα (líra)
euro	(το) ευρώ (evró)
yen	(το) γιέν (gién)
yuan	(το) γουάν (gouán)

1976 - 2000

dollar	(το) δολάριο (dolário)
note (money)	(το) χαρτονόμισμα (chartonómisma)
coin	(το) νόμισμα (nómisma)
interest	(ο) τόκος (tókos)
loan	(το) δάνειο (dáneio)
account number	(ο) αριθμός λογαριασμού (arithmós logariasmoú)
bank account	(ο) τραπεζικός λογαριασμός (trapezikós logariasmós)
world record	(το) παγκόσμιο ρεκόρ (pankósmio rekór)
stopwatch	(το) χρονόμετρο (chronómetro)
medal	(το) μετάλλιο (metállio)
cup (trophy)	(το) τρόπαιο (trópaio)
robot	(το) ρομπότ (rompót)
cable	(το) καλώδιο (kalódio)
plug	(το) βύσμα (výsma)
loudspeaker	(το) ηχείο (icheío)
vase	(το) βάζο (vázo)
lighter	(ο) αναπτήρας (anaptíras)
package	(το) πακέτο (pakéto)
tin	(το) τενεκεδάκι (tenekedáki)
water bottle	(το) παγούρι νερού (pagoúri neroú)
candle	(το) κερί (kerí)
torch	(ο) φακός (fakós)
cigarette	(το) τσιγάρο (tsigáro)
cigar	(το) πούρο (poúro)
compass	(η) πυξίδα (pyxída)